生まれてきたことに、意味がある。

神様に、たまに呼びだされる生き方

小林高子

Clover
クローバー出版

目次

七転八倒

持続もできない、嫌だったら辞める、
1つのこともやりきらない、カタチになるまで続かず自分を承認することができず、
いつも承認のコップに入ったお水は、
長い時間をかけて穴が空いて、ぽたぽたと漏れていました。

最後はカラカラに……その生き方がどんなに苦しいか……。

感情のままに行動することは自殺行為だと、
ある時、自分の生き方からつくづく痛感しました。

本を出版することになり、忍耐強く、やり続けることでカタチにしていく素晴らしさ。

コツコツ積み重ねることがどれほどの感動、達成感や自信を生み信頼を得るか、この先の人生に大きな影響を与えるか、など、この時はそこまでの想像もついていませんでした。

極める事を嫌い、努力がかっこ悪いとさえ思い何もかもが中途半端だった。若いから、無知だから好き勝手にやれた時代があり、大人になって行くに連れ学ぶことの楽しさを覚え、ある程度自分に必要なところまでやり切ることを身につけた。

感動や感謝が以前に比べ何倍にも何十倍にも感じられていく。

若い頃の人を上から目線で見る自分はさて置き、やる事もやらないのに偉そうに意見を言う、嫌なことからは全て逃げる。辞める。基礎がなくグラグラして、その上に何か創って建てても倒れてしまう、気づけば、（なりたくない！）と思っていた何でも人のせいにする大人に成りかけていました。

私は、土台を築いていたつもりが何度も倒れる生き方を繰り返し、身も心も疲れ果てていました。いい加減、目が覚め何をやっているか分からなくなっていました。

「生きているんだ！」

心の底から湧き上がる感動や実感もなくやり甲斐もなく、
生きているのに死んでいるのと同じ状態でした。

正直に心を優先してきたからこそ、
心がパンクせずに済んだ反面、そこには戻りたいとは思いませんが、
若い内だからできた感情のままに決めるという選択もあの時には、あって良かった。
その年代らしく、《わがまま》でいられ、
変な我慢をしない、心の自由が大事だと身体が覚えてくれました。

今となっては、自分がやるべきことを当たり前に楽しみながらできることに、
感謝しかありません。
考え方、捉え方まで、まるでさなぎから脱皮し美しい蝶になり羽ばたくように、
180~240度、一周してもとに戻りそうなところまで変わりましたが、

そこには幾つもの経験の積み重ねがありました。

本来の素直さ、正直さが活き、謙虚さを少々覚え、
天真爛漫にありのままの生き方でいいという場所にたどり着くことができました。

過去の駄目な自分を心から愛おしく思い、
必死にやって来たのだと受け入れ許すことができた時、
今の自分はコミットが強く1度決めたらやりきる、違うと気づいたら切り換える、
そんな柔軟性のある生き方を楽しみ、ワクワクする事を突き詰めていく、
ストイックな自分を発見し労《いたわ》ることもできるようになりました。

歳を重ねるごとに新しいことに触れ、世界観が広がっています。

井の中の蛙、大海を知る

私は苦手を克服しました。

今まで、何でも中途半端、嫌だ！　と考え出したら我慢できない。
仕事や何でもある程度まで頑張ってはすぐ辞める、の繰り返しでした。

今まで、社会的に順応できない私がいつも感じていたこと。
世間では本音でものを言わないのが普通。どこか正面から人と向き合わない。
そんな社会が嘘にしか見えなくて、表面的な仮面を被った顔を見ていることに、
早い段階から興味がなくなり飽きあきしていました。

本当の思いを話せば社会では風当たりが強くなり敵視される。
相手を思って言いたいことを言うことが大事。
私は企業や集団の中で機能しないと薄々、気づいていました。
そんな中、考えて行き着いた答えは今までの経験の中から真実を伝えることが大切だと、
その信念をつらぬき得意とする正直さを活かすしかありませんでした。

勝手に魂がメラメラやる気になり燃えてくる。
1冊目の書籍の文章の編集は過酷でした。
ノンフィクションということもあり、
自分の過去と何度も向き合い傷口を開いて塩を塗る感覚。

編集すればするほど自分の文章能力のなさに頭を抱え、文章を見てイライラしたり、
もっと感性を使い広い世界観を表現できないのか？　と悩み先の進まない時は、
新しい発想を求め気分転換に家の近くの川に散歩に、てくてく歩きました。

とにかく今やれることは何でもやりました。

真っ直ぐに行動していると周りの人が応援し、アドバイスをしてくれます。
以前は人の言うことなど聞かない私が同じ目的に向かい、
一緒に仕事をしている仲間のアドバイスは素直に受けとりました。

その結果、私は当時、この業界のことを良く理解していませんでしたが、
無名の新人作家が初版2万部が決まるということは異例でした。
TSUTAYAの本部に行き社長やライターの大畑ちゃんが大喜びしてくれた。
ラジオ番組にゲスト出演したこと、千葉県の高校で講演したこと、
想像してたこととしていなかったことが突然起こって行きました。

大変なことと真正面から向き合い、
事実をしっかり受け入れることで見ていた景色が変わることを知ったのです。

努力、学ぶ、持続すること、頑張ることが面白くなり、人と団結して、
やり遂げることの大きな喜びを知り、

井の中の蛙だった自分にサヨナラを告げることができました。

自然の摂理

様々な仕事をしてきた私ですが、
今は『ヒーリング、コンサルタント』のお仕事をしています。

ホテルのラウンジで行ったり、
遠隔ヒーリングの場合は電話でのセッションをしています。
クライアントを癒し、日頃クセになっている思考パターンのブロックを深いところから
掘り下げてゆき、脳がθ（シータ）波の状態……潜在意識で思考のブロックを解放し、
新しい思考パターンに置き換えてゆきます。

そうすることで、今まで向き合うことができなかった問題や課題が浮き彫りになり、
物事が大きく動き出し現実に現れてくるので、

自然災害のようなことが起こりはじめ、勝手に解決せざるを得ない状態になります。

人によっては好転反応が出ることもあります。
解決するのも早送りのような感覚で、今まで、何年、何十年も悩んでいた問題も何週間、何ヶ月間かあれば解決に向かい、
問題によっては数ヶ月という速さで解決していく場合もあります。

プロセスも加速していくのが特徴です。
「思い通りにならない！」と思い込んでいた考えの固まりを解放し、
新しい考え方になることで、今まで気づかなかったことに気づき始め、
発想がクリエイティブになりインスピレーションが降りてくる。

色々なことに気づきだし、見えてくるものが変わってきます。

人生が思い通りにすすみはじめると、
つまらなかった日々の生活が面白くなっていきます。

それは、無理やり面白いことを探して楽しみを見つけるというより、
面白いこともつまらないと感じることも、そのままを受け入れることができ、
今まで、やらなきゃならないから、仕方なく我慢してやっていた自分に深く気づき、
今度は今までやりたいけど行動に移していなかったことや、
興味があってやってみたかったことを、楽しみながら「やりきる！」ことに。

まずは地球の中心としっかりと繋がり、
基本の《グラウンディング（土に根をおろす）》を強化することは、
眠っていたパワーや煌《きら》めきが蘇《よみがえ》り、しっかりと大地に足をつけることで、
自然からの恩恵を受け生活水準も上がってゆきます。

宇宙が運んできてくれた

私がヒーリングに出会ったのは忘れもしない2016年8月8日、運命の日。

今まで難しく考えていたことや悩み、問題、正しさを握りしめていた考え方も、
「そんなこと、どっちでもいいや」と手放せるようになり、楽になりました。
そうなってからは事が前に進むようになり、悩むというより、
起こったできごとに対処する、とてもシンプルな考え方になりました。

子供のような純粋さ素直さが蘇り、大人の脳で子供の心。
まさに成功する大人の理想像にたどり着きました。

潜在意識を動かし、宇宙からプレゼントされた課題を受け入れクリアする。

ただ、それだけで運ばれていく、テレビや映画の中でしか起こらないと思っていたことをリアルに体験する人生を手にすることができたのです。

クライアントは、

「自分の人生は自分の思考が創り出していたんだ！」と実感していきます。

ヒーリングを受けた後の顔がとても柔らかく、穏やかで安心した表情を見せてくれるのも私の喜びです。そして皆さん、問題が解決して「普段、起こらないようなことが起きています」と言ってくださるので、「新しい思考パターンになった」と確信することができます。

ヒーリングの凄さは、DNA細胞が記憶しているところから働きかけるので、自分の中にあるものからしか出てこない、成功の仕方なのです。

誰のマネでもなく、神様から与えられたギフトを活かす。

小さなミラクルを起こしまくり、幸福感に包まれ、自分はどれだけ大切な存在なのか、大事にされ、十分な価値を受けとる相応しい人だということに気づくことになるでしょう。

非凡なアーティスティックな才能を生きていく。
喜びや笑顔に溢れ輝きを放ち、そのエネルギーが地球上に流れる、美しい光景。
望んだ生き方を歩み出し、好きなことが学べる、なりたい自分になる。

どんなことでも選び、決められる。
そう、人生の選択は自分だけに与えられた自由という名の権利です。
もちろん、人間に生まれてきたということは辛いこともありますが、
今までの自分の考え方、捉え方が変わるだけで、
起きている事実を自分の未来のシナリオに必要な学びだと捉え始めます。

そうなると、楽になる。
「楽しくて仕方ない！」ということが次から次へと起こりはじめ
「思い通りに生きてはいけない」と決めつけていた奴隷人生から解放されるのです。

人は慣れ親しんだ場所に居続けることを好み、変化することを嫌いますが、

勇気をだし、冒険してみるのも楽しいものです！

色々な方の話を聞いていると、愛が分からない、感謝するとは何か？
深い意味で理解できている人が少ないということです。

これは感覚の問題になります。
日頃から添加物や甘味料、ジャンクフードやお酒（大量摂取、毎日など）、たばこ、
薬物などが原因で人間の五感が失われていくことも大きく影響しています。

ヒーリングでは、毒素を無毒化するなど、
身体の外に老廃物を排出することも行っています。
他にも傷ついたＤＮＡを復元をしたり、
無条件の愛、豊かさ、安心感、様々な感覚をダウンロードすることができます。

本来、誰もがみんな持っている五感を取り戻し、口で説明できない直感、閃《ひらめ》き、
クリエイティブな発想、テレパシーなどを発揮していきましょう。

ピンとくるもの

脳がθ（シータ）波の状態で思考パターンのブロックを解放し、新しい思考に置き換えていく。

たとえば、子供の頃に、

「家はお金がない」

「お前はブスなんだから」

「年齢を重ね老けていくのはしょうがない」

「私は頭が悪い！」

「成功するのは一部の人だけ」

「お金持ちは悪いことをしてる」

「人は平気で裏切る」

などと言われて育っていたり、
恐怖や苦い思い出があると、思考のブロックは硬くなっているため、
ほとんどの人が大人になってもその思考通りの人生を送っており、
過去で生きていることになります。

中でも、お金に関してのテーマはとても根が深く、何度もヒーリングをしていきます。
人はお金を失うことを、とても怖がります。

よほど思考意識が高く、自分を洗脳したり、マインドコントロールをするなど、
無理矢理にでもハードルを上げ、成功者の環境に身を置くなどやり続けていないと、
すぐにいつものパターンに戻ってしまいます。

中には、そんな環境に身を置いても、大切なところ、《神さまから愛される》純粋さ、
素直さから行動を起こさない限り、何を学んでも変わらないどころか、
シンボルだけを握りしめてしまうことも……。

それでは、常に意識して気が抜けない状態。
疲れてしまい、かえって可笑しなことになっていきます。

ヒーリングにより、脳がθ波の状態から思考のブロックを掘り下げていき、深いところから解放し、書き換えたり、ダウンロードすることで現実が大きく動き出し変わります。
そして、ハイヤーセルフ（高次の自分）に繋がっていき、
頭で考えたり、理由をつけることなく、
相手を大切にする、愛する、思いやる感覚に気づき始めます。

人の心に寄り添えるヒーラーは、掘り下げることを得意とし、
自分の人生の醍醐《だいご》味《み》を知っています。

今までの思考パターンとサヨナラする前に、
今までの思考パターンのメリット、デメリットを認識し、感謝して手放す。
もう、我慢してムリに自分に言い聞かせ何かをやろうとしなくていいのです。
あなたが望むものに従うアンテナが有効になり反応するだけです。

思考の次元が上昇することで、
神秘的な光、天、宇宙のエネルギーと繋がりやすくなり、
自分の役目に気づき、ミッションに向かっていくと、
現実に成果となり現れてきます。

出会い

私がヒーリングを受けるきっかけを与えてくれた人がいました。

「たかさん、ヒーリング覚えたほうがいいよ。直感があるし、感性がいいからカウンセリングに入れた方がいいよ！　絶対、向いてるから……」

前にも言われ、これが二度目だったので、彼女の友人のヒーラーの女性にお願いしてみました。初めてヒーリングを体験した私は「コレだ！」と理由もなくピンッと来るものがありました。

そのヒーラーの女性は、私が二度目に予約をした時に、

「もう、たかこさんはヒーラーとして、できていますよ」

と、告げてきました。

最初は何を言われているのか？？？分かりませんでした。

そして、その女性は私を最後のクライアントとして、

役目を果たしヒーラーをやめたのです。

それを機に、私はヒーリングの学校に進みました。3ヶ月間続けて「願いと豊かさの実現」上級者コースまで受けることに。その後、動物をヒーリングできるアニマルヒーリングも取得。自分も練習台にしながらお客様をモニター価格でヒーリングしました。

他の有名な凄腕のヒーラーのヒーリングも受けたり、潜在意識を活発にしていると、クライアントが、

「今までに起こらないことが初めて起こった！」

「現実が荒れた……！　動いた」

「奇跡が起こった」

「売り上げが上がった」

「まわりからキレイ、キレイと言われるようになった」

「自分でも美しくなったと自覚している」

「営業成績が1番になった」


など、色々な変化を感じ楽しんでいたり、大変になったりしながら、解決するのも早く感じているようでした。

クライアントのある女性は仕事でキャリアを積みながら子育てをしていました。私のヒーリングを受け半年が過ぎた頃、絵本の企画がとおり、のちに出版することになりました。

そんな彼女に出会った当初、

「普通の人じゃないから、本か何かは出すと思いますよ」

「たかこちゃん、そう言ってたもんねー。まさか、あれから10ヶ月で、こんな人生変わるとは思ってもみなかった。別人だよね」

と、人事のように語っていました。


本当に嬉しかったです！　あんなに自分を認めていなかった彼女がこんなに変わるのか

と、驚きと人の可能性を見ることができ、勇気と感動を与えられました。

彼女の強さが私に希望の光を見せてくれました。

そして、私を強くし、もっと、もっと、高みに引き上げてくれたように思います。


潜在意識を動かす。

普通ではあり得ないことが起こり始める。

現実が大きく動き、手放した思考パターンに対する問題がやって来て、逃げていたこと、課題と自然に向き合うような流れになることも。


時には辛い、しんどいと感じることもありますが、展開が速いので乗りきります。

乗りきるしかなくなるという方が正解に等しい。


私自身が地球でのお役目を果たしているので、来てくれるクライアントも、薄っすら浮かぶビジョンを実現しようとする人、次のステージに意識が向いている人、ミッションに気づき始めた人などが集まってきます。

自分自身が高いエネルギーでいることで、来てくれるクライアントも鏡のようにそのままの姿を映してくれるので面白いものです。

潜在意識の領域から思考パターンを手放し、書き換えていくことを繰り返した先に、世の中の人達が無条件の愛を感じ、どんどん豊かになり、本質を活かし、輝きながら魂の自己実現、自己超越、使命を果たし、人に与えていく生き方が叶うと確信しています。

自分も人も望む人生が何かをみつけ、信じた者だけが知り、体現できるアドベンチャーワールド。

大人になるにつれ魔法が使えるなんてありえない、非現実だと想っていたことが、「テレビや映画のストーリーだけじゃないかも……?!　自分にも起こり得るかも……」と、未知の領域を知り、上手に魔法のステッキを使えるようになる。

やり続けた結果、付き合う人達が変わり、以前は周りにいなかった、億を稼ぐ一流と言われる成功者、心豊かな人、そんな方たちと繋がり、関わることに。

ステージも変わり不思議なこと、望んでいたことが起こります。
エネルギーが高い人や著者との出会いを機に、
意識が高い人たちと共にやるべき課題と向き合うことができ……私自身も、
書籍にすることが叶いました。

自分が自分らしく輝き、発揮できるステージで、
先駆者から学んだことと、培った経験をリンクし、
さらに人生に活かして飛躍していくことで、誰かの役にたつことになるでしょう。

得意な層、苦手な層

ヒーリングの仕事をはじめて、私が半信半疑で苦戦しながら進み続けたのは、目に見えない世界とコンタクトをとるということでした。

今の現実にフォーカスする。ではなく、何層もある次元にアクセスするとチャンネルが合い、そこから繋がっていきます。

たとえば……無機物で構成された1層。鉱物や美しいクリスタル（原石）《水晶、アメジスト、ダイヤモンド、アクアマリン、クンツァイト、など》の層です。はじめて教わりながらクリスタルとコンタクトをとることにチャレンジしましたが、1層に繋がるのは難しく、1回目ではすぐにクリスタルとの会話までには至りませんでした。

2層は植物の世界。妖精や精霊たち、《ノーム》（地の精霊、小人で老人の姿、地の宝、クリスタルを掘り出したり運んできたりもする）など、エレメンタルが存在します。
はじめて薔薇と話した時、私は「いつも美しいわね。ありがとう」と声をかけると、「あなたも美しいわよ」と言ってきたので、「薔薇って、こんなこと言うのですか？」とプラクティショナーに尋ねると、「薔薇らしい」と答えが返ってきました。

3層は動物や人間が存在する【今、ここ】の場所……。

4層はスピリット、死んだ人のソウルたち、先祖のスピリットやトーテムアニマル（守護動物）、シャーマンなど。

5層は守護天使、大天使、アセンデッドマスター、ガイド、邪悪なスピリットの層。究極の二元性の世界でもあります。

6層は法則の層。時間の法則、磁気の法則、重力の法則、光と音の法則などの法則が存在し、宇宙という壮大な仕組みで成り立っています。

7層は、すべてなる創造主の層。現実化、瞬時ヒーリング、リーディングなどが自我ではなく、創造主の定義、観点でのレベルで実行される、安全で愛に満たされた、「ただ在る」という意識の場所です。

私は4層、5層とも繋がりやすく、得意としています。
もちろん7層のヒーリングが基本で得意としていますが、最初は練習の毎日でした。

潜在意識を動かすと脳がたくさん働き、慣れるまで疲れます。
細胞が活性化され（DNA修復）、身体の弱いところなどを癒していくと、最初の頃はお腹が下ったり、蕁麻疹《じんましん》が出たり、鼻水が長い間出たり、喘息《ぜんそく》が出たり、好転反応が出てデトックスの日々……大変でした。

今では大分やったので、すっかり素晴らしい体調に整ってきました。
めげずに続けるたびに、変化していくものです。

「無限」を体感する瞬間

妖精や大天使、天使たちと繋がる……。

亡くなった人と会話するなんて、私にできるのか？

最初はとても不安でした。

それでも、モニターさんを集め連日練習あるのみ。

するとクライアントの亡くなった猫ちゃん、亡くなった妻、亡くなった母などと繋がり、皆さん、無条件の愛からの温かい涙を流し喜ばれていました。

過去で止まっていた時計が動き出し、
新しいステージに向かって歩き出していく姿をこの目で見ることができました。

私も含め、クライアントも前に向かう会話が増えていきます。
会うたび、声を聞くたびに新しいことに触れ新鮮な会話……。

胸のつっかえも取れ人生が楽しくなり、思い通りに動き出し、
また何が起こるかワクワクしていく。皆さん最初に来た時より遥かに若返っていき、
女性は美しくなり、男性は少年を思わせる雰囲気になるのを見ていると、
人の潜在能力は「凄いな〜！」と感心します。

自分だけではなく、周りの人と一緒にミラクルが起こることが最高最善な人生ですね。
結果、みんなが笑顔になっていることが何よりです。
目に見えている現実、事実が全てではないとヒーリングの世界を通して知った時、
視野が広がり見る場所が変わり、何が起きても動じない自分になり、
愛が溢れ、不動なものになっていく。

もっと広い世界がまだまだ先に沢山あること、
無限の可能性を日々の生活の中で体感しています。

何でもできる、ないところから創り出せる。

そんな自分に生まれ変わり《できる》と自分を信じることができ、どんな人生でもリアルに創造できたものは運ばれていき、やり続けることで実現すると確信しています。

転機を経た自分

何か変わる時は人が離れてゆき、
その後に新しい出逢いがあるということを何度か経験しました。
そして、転機には現実が変化しピンチになります。

最初の転機は私が鬱《うつ》になり、初めて人生に疲れた……もう、充分と感じ、
心の深い闇を見た時でした。

私はビルから飛び降りる夢をみて、ドンッと下まで落ち、「あれ……？　生きてる……
何か温かい……」温もりを感じると、亡くなった彼が私を抱きしめ支えてくれていました。
（まだ、生きて私にできることが。何かやることがある……）と気づき、そこから立ち上

がりました。

半年以上の月日が経ち、突然、言いたい言葉がどんどん出てきて止まらなくなり、最初の本の原稿ができあがったのです。

次の転機はステージが大きく変わりました。
「もう、こんな人生嫌だ！」と嫌気がさしていた頃、星や月、木に話しかけ、望みを赤裸々に伝えるようになっていました。すっかり私の友人は月や木に。

長年の友人との関係性が知らず知らずに腐れ縁になっていたことに、うっすら気づきはじめ段々と話が合わなくなり、お互いに違和感を感じてから2年が経ち、ついに中学からの仲良しだった友人2人と絶縁状態になり、その後、長くつき合っていた人との別れが一遍にやってきました。

その時は、さすがにこたえました。

長い月日を過ごした思い出は記憶に留まりつづけて……色あせるまでに、時間を要しました。

その半年後に夫に出逢えたことで、求めていた世界が変わっていたことに気づきました。話をするほどシンクロニシティ（偶然の一致）が何度も起こり始めました。不思議だったのは、星や月が好きな私は初めてのデートでプラネタリウムに行きました。そこで、「さそり座の毒を射止められるのは射手座です」という音声が流れていました。

終わった後、

「私、さそり座なんです」

と言うと、夫は射手座だと言うのです。誕生日も同じ月の1週間違いでした。

私は夫と出逢うまえに「魔法の引き寄せノート」に結婚する理想のビジョンを書いていました。そこには「王子が迎えに来る。38歳までに結婚した」などとありました。

夫は付き合う前に、

「王子が迎えに来たよ！　たかちゃんは姫だから王子じゃないとダメだから」

と言っていたので、

「この人、変な人だなぁ？　何言ってんだろう……？　ヤバイなぁ……」

（聞けば、算命学で見ると王子の星が2つもあり、根拠があり、言っていたみたいです）

その後、ハッ！　と息を呑み、自分の願いを書いていた魔法のノートをめくりました。

自己流、独学から始まり、引き寄せが現実に動いていることを知ったのです。

そして、誕生日を迎える3ヶ月前の38歳で入籍。

その他にも……イニシャルがT・K☆K・T、ただ逆なだけで同じだったり、

字画の総合画数が24画、大吉数。これも一緒でした。

何だか不思議なことが起こりはじめ、自動的に運ばれるように念願の心理学セミナー

（マズローの欲求5段階、ソシュールの言語理論、エリック・バーンの交流分析、

ジョハリの窓、カタルシスなどのワーク）に行くことになりました。

今まで頭の中でやりたいと考えていたことが、夫と出逢いステージを変えたことで思う存分行動に移せるようになりました。私は流れに身をまかせ、続いて同時進行で神社に通い、行《ぎょう》に入りしっかり自分と向き合うことができました。過去の清算が次から次へと波のように押し寄せてくるかのように、ついには息もできないほどに苦しく、もがくことに。

何かを探し、求め、見つけるまでやり抜く思いで必死でした。

セミナーに行った時は、情けない、弱い、逃げる自分を見て、それと同時に勇気、大切な人を守る強さ、やりきる、切り換えが早い、かっこいい自分を知ることもできました。終わった後は消化するまでに時間がかかり燃え尽き、誰とも会いたくなくなり、一年近く家にこもっていました。

すると、義父が突然亡くなりました。

悲しみの中、主人の実家のある和歌山に行きました。

父の土地のこと、母のこと、これから考えていくことが山積みでした。

夫は月に1〜2回、定期的に実家に帰る生活が始まりました。

そんな中、夫が大好きだった友人までもが亡くなった……と連絡をうけ、電話を切ったあと腰を抜かし、一瞬ガクッと足に力が入らなくなって、支えたのを覚えています。

その後、夫は吐血し、精神的・肉体的にも疲労がたまり、入院しました。

その時も「助かる、大丈夫」それしか考えられなくなり、ちょうど出版する時と同じ脳の現象（出版する、出す……としか考えられない）となり、不思議な感覚でした。

一時はICUに入り、確か3日間ほど……どうなるかと思いましたが、ハイヤーセルフ（高次の自分）は大丈夫と気づいていました。

無事に10日で退院しました。

「できるまでやる」

私はその出来事を機に、夫を安心させるため自立する覚悟が芽生えたように思います。結婚して3年が経った頃、コンビニでバイトをすることに決めました。周りの人達は目からウロコが落ちたように驚いていました。それまで握りしめていたプライドを脱ぎ捨て、社会のルールを守れるか、目的地の通過点でもありました。もちろん、順応できない私は週3日、5時30分に起き、遅刻しないことが重要でした。

ところが、レジを覚えるのは少し頭が良くなったようで早かったのですが、慣れてきたせいで、たまに寝ぼうをくり返し、バイトの人に怒鳴られ、酷い暴言を吐かれたこともありました。よく2年も続いたと感心します。

そこで分かったことは、ありのままを受け入れること。

社会で働けないのなら自分にしかできない道をひたすら進めばいいと気づきました。

そして、コンビニのお客さんに「あなただけ浮いてるわねー」と言われていたのですが、辞める頃には「あんたの笑顔をみると安心するわ」という年配の方の声を聞けたことは、とても成長に繋がりました。

その当時（いまから4年ほど前）の私は今までにないほど顔は険しく、老け、ブスになっていた……と、あとから家族に言われたほどでした。

人は前進する時に過去の傷を癒さなければならない時があり、そこを一瞬、通過しなければなりません。
超えるまでが辛かったことを思い返します。
それでも、探し求めることを続け、自分を信じ抜く強さ、描いていたビジョンに向かい動きだす。

目の前のことに一生懸命になって課題をクリアしていくと、必要なタイミングでヒーリングの世界に運ばれました。
足を踏み入れた時は、やっとたどり着いた。心が癒され、安心し、自分が求め目指してきた道はこれで良かったんだとさえ、思えました。

私はヒーリングで脳のニューロンという若返りの細胞を復元。
若さと自信をとり戻していき、息を吹き返しました。
今では、潜在意識を動かし運ばれて行くことに身を委ねています。

これからも幾度と転機は訪れることでしょう。

以前のように、その都度に、がむしゃらになって、髪を振り乱し、
ムリして頑張ってやらなくても「もういいんだ」。
目の前の事を楽しみながらやりきると、新たな扉が開くことを私はすでに知っています。

今まで以上に本当の孤独になることや、抵抗して苦しまないことも分かっています。
何があっても転機は私を素敵な場所へと連れてゆき、気づかせてくれます。
教養を学び、知識を拡大し、魂を磨き、成長を促す。

そして、どんなに時間がかかっても、自分との約束を果たす人は信頼されます。

言ったことをやりきる。簡単なようですが、たいてい理由をつけて、やらなくなってしまいます。守らないのであれば、できないと素直に認め、撤回し、手放しましょう。

言葉も大切ですが、行動を見れば、その人が分かります。

やりきることは、言い訳をしないことを意味します。

日頃の行いは素晴らしい人たちと引き合わせ、未知のステージへと運んでくれます。

好奇心旺盛な私は、いつも月にオーダーした最高のギフトを受け取るようになり、生きる純度が上がっています。

話は少し変わりますが、仕事の身につけ方は、とにかく実践、連日の練習、できるまでやる。身体で覚えることが基本です。

ヒーリングは、認定プロコーチやインストラクターでも「自分をヒーリングすることが一番難しい」と言われていたので、私は自分で実験していました。

やり始めたばかりの頃は、モニターを募集して、体験談を聞き、どのように現実が動いているか……どんな風に変わってゆくのか？
色々なパターンがあることを勉強しました。

同じクライアントを何度もヒーリングして、大体3回目から現実が大きく動き出し、
早い人は直ぐに変化していくので、プラクティショナーとして現実が変わることに
コミットし、クライアントが思う人生を歩むことにエネルギーを注いでいます。

たとえ仕事でも自分をヒーリングしていく時でも、困難な問題だと感じることや、
人と向き合うことがあります。その時も、自分の新たな意識の開花として挑みます。
(怖い、できるかな……)と不安を感じる時こそ、前に進み、向き合います。

そして、ヒーリングを通して日々、クライアントはいつも誰かと比べ、
【人にあって、自分にはない】という判断をしている人がとても多く、
まるで勝負しているようで、悲しく、それこそ不幸に感じました。
ヒーリングで思考パターンを置き換え、
「自分はこのままでも、充分魅力的な人だ」と気づき、まずは認めることから始まり、

安心や愛に触れ、笑顔が戻り、癒され、新しいことが起こります。

生まれたての子供のように、まるで初めて見る世界に触れる感覚。
忘れかけていた新鮮さ、純粋さをとり戻し、ヒーリングでハイヤーセルフ（高次元の自分）と繋がり、思考パターンを置き換え、その人のDNAの中から、どこを探しても地球上でたった1つの唯一無二の成功パターンに、目覚めていきます。

あなたが高次元から望んだ現実がカタチとなって現れ始め、奇跡が起こったと言いはじめる。

それこそが、私の描いてきたビジョンの1つ……。

周りの人たちと一緒にミラクルが起こり、共感するコミュニティを創りだすことでした。
そして、エネルギーが低い人、ネガティブな人とは波動が違うため、自分から離れなくても勝手に事が起こり、お役目を果たし、その時がくれば離れることになるので、あえて拒絶する必要もなく、無理に抵抗すると喧嘩になったり、争いが起こることもあります。

なので、ムダな抵抗はしない方が正解です。

自然に身をまかせましょう。
自分が高いエネルギーなら同じエネルギーの人が集まってくる。
進化の先に、自分を訪れるクライアントのステージも上がり、変わっていきます。

やり続けたら、成果はでる。すべてはそのまま。
結果がすべてという考えもあります。
確かにそうとも言えますが……その前に、結果にたどり着くまでのプロセスが大事で、
誰とどんなことが起こり超越したか？　その人との関係性を見たり、
絆を深めることが重要で、結果はその後についてくるということです。

結果に執着、こだわりを捨て、その過程を楽しみましょう。
できるまでやった後、見えてくるものは自分への確かな信頼、自信。
そのままの姿、いや、それ以上の成果として、勇敢な王冠を頭上に、

手には香りが漂う白いユリの花を戴くことになるでしょう。

それは、本物の愛、豊かさを生きる覚悟を決めた人間。
シンボル（カタチあるもの）を手放した時、
あなたにしか、起こりえないことを起こす、想像を絶するものかもしれません。

私のコミュニケーション術

ヒーリングやコンサルを受けに来るクライアントとしっかり向き合って話を聞き、心に寄り添い、分かち合う。

まずは思考を掘り下げてゆくので、直感的に、瞬時に信頼関係が生まれなければ、深いところからの潜在意識の置き換えは起こりません。

相手の求めているビジョンの実現に働きかけていきます。
クライアントが「嫌だ」と感じるものを、無理に置き換えたりはしません。
相手が望む人生をサポートし、ヒーリングの後にコンサルも入れ、どんな人生の流れになってゆくのか？　という点も話したり、アウトプットしていくことで現実がシフトしていきます。

クライアントの大切な人生に関わり、アットホームな感覚も大切にし、
1人ひとりとしっかり向き合い、深い絆を築いています。
クライアントの人生が望む人生に変わるようサポートし、
変化に携わることができるのは、この仕事の喜びです。
他にはない、深いところからの人との繋がり、
まごころが詰まった温かい会話、豊かさ、思いやりが基盤です。

《社会はこうだ！》という私の中の常識や概念を手放し、
人が本当に求めているものを分かち合い、一緒に笑い、大切な事、大事なものに気づき、
本来、歩むべき道へ戻るお手伝いをしています。

時には、相手側に見えているものをハッキリとお伝えする時もあります。
相手の望む人生に近づくお手伝いをするにあたって、厳しいアドバイスも。

そこで、「このさき、クライアントが来てくれなくなったら……」とは考えません。

ここまで来たら、確実にその人の思い描いているビジョンを実現し、
豊かな人生を創り出すことを提供しているからです。

その喜び、楽しさで、自分のキャパを超え、色々なことができるようになり、
器用にこなし、続けた答えが、ふっと振り返ると、
どれほど《自分が成長し覚醒してきた》のかと実感する。

結果がついてくることに感謝を感じています。
クライアントは違う角度から物を見るようになり、
人生を遊びの場と捉え、日々を楽しく過ごし……笑顔が増えていく。

必ず乗り越えた先にカタチができ、現実に現れる。
そして、それを目撃した私の方も感謝が生まれ、
エネルギーの高いクライアントが集まってきて、さらに飛躍していきます。

自分を信頼して訪ねてきた目の前の人に、どれだけ思いを込めたかで人生は変わります。

それは、大勢の人をまとめてやったからという、人数だけには限りません。

「チャンネルを見る」発想法

ヒーリングは日頃の思考パターンのブロックを解放し、手放します。

そして新しい思考に置き換えていきますが、
一瞬、過去を通過し……傷を癒さなければならない時もあります。

そこから未来に向かい現実が変わり始めますが、そうは言っても、現実に何が起きているのか……？　どうしてこうなっているのか……？　と実際に起こっている状況を知り、直ぐに解決したい、楽になりたい、というのが人なので（インナーチャイルド、ネイティブスピリット、エナジーオラクル、ロマンスエンジェル）カードを取り入れ、
他にも色々な種類をあつかっています。

クライアントが癒されるように、部屋には大きなクリスタル（愛、仕事、お金などにも有効で、上昇、浄化の強いブルーのセレスタイトという原石）を置いています。

リラックスして深く瞑想に入ってもらうため、アロマを焚きます。使うオイルにはこだわって、フランキンセンスを主に使用しています。ホワイトセージで浄化することも……。

クライアントさんのイメージに合わせて、生花を置いたりもします。有機ハーブティーや有機ほうじ茶、緑茶を出して、その時の気分でケーキや和菓子などを選んで、ティータイムを過ごします。

クリスタルボールの音源を使い、ハートチャクラを一瞬で開いて、より深い瞑想（自分の中へ中へ）へと、入りやすくしてゆきます。

クライアントは様々で人によって課題が違います。そこに対応してゆくには、自分自身もヒーリングし続けること。

以前、他の凄腕のヒーラーの遠隔ヒーリングを定期的に月に5回ほど、1年近く受けていました。

するど、導かれアデプトプログラム（秘儀）を受けることになり、伝授して頂きました。

晴れて光のワーカーとして任命。そこから、アースエンジェルの活動開始。


1年以上がたった頃、次に森の精霊「ワカピ」からお声がかかり、ネイティブアメリカン（インディアン）ナバホ族から国境を越え、儀式をうけることになったり、通常ではあり得ないのですが、月のミチル神が一時的に人間【私】の守護についたこともありました。


潜在意識を動かすことで、その時に必要な絶妙なタイミングで、来るべき時がやってくると、運ばれていく。

出逢うべき人達と巡りあい、意識の高いクライアントと向き合い、自分の過去世を知ることに……私はジャンヌダルクの戦友、映画の中や絵本に出てくる、いつも隣にいた友人でした。ジャンヌが最後に火にかけられるシーンで私は彼女に十字架をかかげ、ジャンヌが亡くなった後、両親のところへ行き、彼女のフランスでの数々の功績、掲げた旗を土にさし、帰ったことを当人のクライアントと一緒に思い出し、鳥肌が立ち魂が共鳴しました。今でも深く感情が込み上げてきます。

他にもクレオパトラの側でシャーマンとして、西洋占術が盛んな時代、エジプトで国を動かしクレオパトラに神託をしていました。今世では、その培ってきた過去からの体験、叡智を人様のお役に立てることが判明してしまいました。

ヒーラーとは、実に面白い。勇気ある魂と同じ物を見ることで共にハートが共感、テレパシーが起こり、眠っていた記憶を思い出すことができました。

ヒーラーでも、スピリチュアルな仕事をしている人でも……それぞれ体験も違っていて、人生に活かしていない人が……ほとんどでは？　と感じます。

人と比べては、闘っている人が多いのも現実です。

成果が出ているか？

自分の体験とリンクする、創造主や宇宙と繋がり人と接しているか。

目の前の人が悩んでいたら、本気になって手を差し伸べられるか。
言っていることと、やっていることがともなっているか。
それこそが大事だと理解して生きている人だから、
学んだものが吸収され活かされていくのではないでしょうか。

自分を実験台にして確かめていく。
「普通はやらないよね……」という、未知の領域に足を踏み入れることが、
しばしば増えています。新しい世界を見ることは意識を拡大してくれます。
自分自身が変化し続けることで、どんなクライアントが来ても、
自分の能力を最大限に活かし、貢献することができると信じています。

可能性の枠を超越していくことでクライアントのエネルギーを崇高なものにし、
創り出す現実にも影響を与えています。

ヒーリングを受けてくれたクライアントの人生が、
ますます豊かな幸運の雨を降らしていくことを願っています。

最良、上質な情報は人が運んできます。

たとえば「仕事でスキルを上げたいなぁ～！」と頭にうっすら浮かび、忘れた頃に、周りの友人が運んできてくれるということが多々あります。

人との繋がりや縁を大切にしていると、

「この人にこの情報は絶対に必要だわ、早く伝えてあげよう」と自動的に起こり、そこから受けとることができます。

日頃から自分のビジョンの実現の話などをして夢の共有をしていると、必要な情報がやってくる。

つねに自分の興味のあることにチャンネルを合わせていると、
その番組がはじまり……あとは見るだけ。見たあとは自分が
「おもしろい、これやりたい！　取り入れよう!!」
と、思ったものを上手く使いこなしていく練習を開始。
そこから自分のものにしていきます。

特に、人がやらないような世界を覗《のぞ》くことで、
新たな発想が生まれたり、神秘的な体験が待っています。
経験から、引き出しがいっぱいあると会話をしても面白く、人を魅了します。

いつまでも味のあるガムを嚙んでいるような感覚で美味しいがずっと続き、
相手もワクワクしながら登ったことのない山を一緒に登る感覚を摑み、
最高の絶景を見ることができます。
広がる会話から未知数を肌で感じ、平凡な日常に刺激を与え、脳に新しい回路が開く。
活き活きと輝き出す人達を見ていると、こちらも嬉しくなり、自然に笑みがこぼれます。

毎日、笑っていると、「楽しそうだね、悩みがなさそうだね」と声をかけられます。

本当は悩みがない人や嫌なことがない人、悲しみを感じない人などいないのですが……。
ただ、発想の違いで、喜怒哀楽を感じるのが人であり、
それこそが幸せだと知っているのです。
人一倍、悲しんだり、辛い思いをしてきた人ほど、

本心からの慈愛に満ちた優しい笑顔になるものです。

人は楽しそうなところに集まってきます。
そこからまた、人との縁が繋がり、良いサイクルにハマっていくので、
段々と思い通りになっていき……ある時、一気にガラッと背景が変わります。

夢を実現するには、1人では成し得ないことも、魂からの繋がり、応援、サポート、
共に切磋琢磨しプラスを生み出す関係性がやる気を起こします。
人との深い繋がりがあったから、そこから得たものは大きく今の私が存在します。
私の夢にみんなが乗り、仲間の夢のビジョンも叶っていく。
夢の実現の連鎖が起こっています。

即レスは波動があっているから

即答は仲間との団結、コミュニケーション能力が上がり、
人との関係、信頼がより充実した、素晴らしい豊かな関係性を創り上げます。

そのために、自分のやるべきことを優先し、切り換えの速さを活かし、
色々なことに素早く対応するレスポンスの速さ。

仲間とのパートナーシップにより磨きをかけ、互いに意見を出しながら、
時にはフィードバックをすることもあります。

本質、大事なところから問いかけ、何が目的かを何度も話し合って、奮起する。
夢を実現するまでに、様々な出来事が押し寄せ、混乱したり、頭にきたり、

熱くなってヒートアップすることもありました。何度も投げ出したくて、事実と向き合い嫌な思いをしたり、一瞬、不安になる時もありました。

それでも前に進み、勇気を振り絞り、歩みを止めず真実を見る。
自分の描いているビジョンの達成までに、時に人間関係が壊れることも。

エネルギーがあっていれば、すべてのタイミングは合ってくる。
イラついたり、正しさを主張することもなく、
相手の個性をそのまま大切にできるのです。

その時、本気で向き合うことができたなら、どんなカタチにしても、
「この道のりで良かったんだ！」と、後々、確信できるでしょう。

私の使命

長年温めてきたことがようやく動きだす。

繊細で傷つきやすく、恐がりで弱い私でも、
「最愛の人を守りたい」という思いから……強く勇気のある女性になれたのは、
見えない世界を知ったから。

私がヒーリングのコースを受けた日がきっかけとなりました。
その日、「亡くなったゴーストを呼び出す」という、ちょとめずらしい授業があり、
私は18歳の時に付き合っていた（亡くなった）彼を呼び出すことに。

最初は恐る、恐る……目をつぶり、認定プロコーチの指示に従い、耳を頼りに。

「何も見えないじゃん⁉」そう思いながら、
意識を集中させ、自分の中へ中へと入っていきました。
静かに時間が経ち、シビレを切らしかけた頃、若い時の姿で彼は現れました。
びっくりしたのと同時に、温かい涙が頬を伝い。
「ここまで、よく来たね！」と、想っているとも感じました。
「ありがとな……ありがとな……」と、2回言われ、
そして、《DNA》のコースを終え、1ヶ月後に《基礎と応用》コース、
相手の方とペアを組み、見てもらいました。彼から告げられた言葉……。
「たかを強くするために出逢って、役目を果たしたから、この世に未練はない」
「他になにか聞くことはありますか？」
とペアを組んだ女性に言われても、なにも言葉が出てこなかった。
時間だけが過ぎて、なんとなく「(彼はまだ)居るんだろう……」ということだけは感

じていました。最後に
「もう、いいですか？」と聞かれ、
「はい！」と、うなずいた瞬間、彼が口を開いた。

「愛されてたことを忘れないでね……」。去る瞬間、目をつぶっている私に、
2人で撮った写真の映像が、バッバッバッと何枚か映しだされ、光の中へ帰って行った。
その時、はじめて本当に「彼だった」と理解できて、
自然と優しい涙がじんわりと、頬を流れていった。

目を開くと、ペアを組んだ女性は、
「たかこさん、愛されていたんですね……。こんなに深い愛を見て、感動しました」
そう言って、言葉にならない思いと涙でいっぱいになっていました。

ヒーリングのDNA、基礎と応用コースで使命に向かい始めることになり、
なぜ彼と出逢い、命の尊さを伝えていったのか？
ガンの人や病気の人のことを考える経験が、私にとってどうして必要だったのか……？

すべてが、リンクしたのです。

そこには絶対の信頼、どんな時も変わらない安心感、
愛がそのままのカタチであったのです。

人間や、物質はいつかいなくなるけれど、人の思いは時空を超えて会いにくる。
彼は「肉体がなくなっても、魂は永遠に残る」ということを教えていってくれたのです。
見返りのない、無条件の愛には……まだ見ぬ可能性を開花させるチカラがあります。

そして、私の生まれてきた答えも、そこにありました。
だから、「今度は私が人を応援し、サポートする番だ」と。
これからは、好きなアーティストの楽曲をテーマに沿って盛りこんだ、
楽しみながら学べるような講演～セミナーを開催し、共に夢の実現に向かい、同じ目的をもつ仲間と協力し、日本を光で眩《まぶ》しいくらいに照らしてゆくのだ……と誓いました。

ヒーリングを取り入れた学校や施設の設立援助、応援、サポート、

大人や子ども達の能力育成、開花、社会貢献。
日本の医療にヒーリングを融合させる。
WHO保険医療機構で認可がおり、ヒーリングが保険適用になり、
安く提供できるように架け橋となり、活躍する。

病で苦しんでいる人たち、小児病棟の子ども達の痛みが少しでも和らぎ、解放され、
安心感を与え、癒していく。

それこそが私の使命です。

海外、特にイギリスなどではレイキヒーリングなどが医療で使われ、
保険も認可されています。日本でも可能にすることができるはずです。
夢で終わるのではなく実現する。

もし、それができれば多くの人々がどれだけ救われ、喜び、
笑顔になることか……目に浮かびます。

これから縁ある人達やコミュニティと目的、ビジョンを分かち合い、
1人ひとりの得意分野に磨きをかけ、知恵を出し合い行動していく。

ヒーラーが認知され、スピリチュアル（占い師など）の仕事の場、
活躍の場が増えていくことにも繋がるでしょう。

そして、また1人、2人と、幸運者が続き、ついに1万人、10万人、
100万人以上の方の夢を実現させる。
自分の役割、役目を発揮して飛躍してゆく人々が増え、
奇跡のスパイラルが起こり始める。

そんな夢の実現、社会貢献をしていき、しっかり大地に根を張り、
順調な生活のサイクルを創り、豊かさの潤いが流れだす。
集まった人達に豊かさが伝染していき、
生まれてきた意味に気づきだし、魂の自己実現を果たす人が増えていく。

そんな素晴らしい状況を起こす。

一歩、街にでたら笑顔の人が溢れ、
夢を実現していく人、夢を語る人の声があちらこちらから聞こえてくる。
そんな理想的な社会、日本、世界になることを望み、目指し活動していきます。
とにかく想像し、深求し、手放し、決める、行動することで現実に具現化に。

まずは想像しないと始まらない。
基礎として、描く、動く、インスピレーションを感じる。
創造できて、初めて未来が創り出される。

できるか、できないか、そんな討論はどっちでもいい。
できないと思い、動かなければ……一生叶うことはないでしょう。

【できる】と思って行動しだした時点で、確実に可能性は開く。

チャレンジしないでしのごの言うより、
チャレンジして、黙って目的に向かっている人の方が、よっぽどかっこいい。

たとえ、誰に何を言われても、信念に従い、信じ、
大きな夢を語り……言葉にすれば、望みは揺るがず叶っていきます。

手始めに1人ひとりが近い未来にどんなことを望んでいるか、
もう一度考えてみましょう。

あなたの役目は……。
あなたはなぜ、地球に生まれて来たのですか……。

人との出逢いでしか運命は変わらない

ある2人のクライアントとの出逢いが、私を大きく突き動かしました。

1人は53歳の女性で、心理学のセミナーで出逢いました。

不思議なことに、その女性の旦那さまと私はセミナー受講中にペアを組むことになりました。そして、その後に（縁があって）彼女と私の母が、一緒にセミナーを受講することになりました。

彼女の旦那さまは見た感じ、雰囲気はまったく私の周りにはいない人。

自分とは合わない人をペアに選んだはずが、関わるうちに、

「妻に似ているところがあって、驚きました」と言われました。

パーティーで私に似ているという噂の奥さまにお会いしました。

私は妹と一緒だったのですが、妹が一言、「おねぇに似てる……」と言った瞬間、彼女が「嬉しい！」と言ってくれたのを覚えています。

私も彼女はどこか自分に似ているところがあると感じ、縁を深く感じたのが印象に残っています。

私より年上なのに、なぜか「可愛い」と思ってしまう人。
彼女は旦那さまに「たかこさんと話したいから」と言って連絡先を聞き……そこからは、一気に意気投合して、話が弾みました。

次第に、なぜか「彼女の力になりたい」と思うように。
彼女が1人で勇気の一歩を踏む後押しや応援を全面的にしていました。
彼女からも支えられ、
お互いが人生で共に勝つパートナーシップを持つようになりました。

ヒーリングに導いてくれたのも彼女です。

「たかさんに絶対に合うし、直感や感性がすごいからヒーリング覚えた方がいいよ」。2回も言われた末に「それなぁに……?」から始まって、まずは、ヒーリングを受けてみることに。

そして、ヒーリングの仕事に運ばれました。
私がヒーラーになるのを心待ちにしていた彼女は、毎月1~2回、私のヒーリングを受けていました。その後、自分の使命を見つけだし、新しい仲間ができ、コミュニティの頭となって活躍しています。

個々に、その人にあった自分の進むべき場所が見つかる。

ある人は宇宙人の仲間と、また、ある人は魔女の世界へ旅立ちました。
誰とどんな場で出会うかは分かりません。

一瞬、人生に関わり、通り過ぎて行く人もいれば、
一生、付き合う人達との出逢いもあり、
1人でも欠けていたら今の自分にはなっていないかもしれません。
何かしらの影響を与えてくれた人達なのです。

自分の人生に登場してきてくれた、
特に濃厚に接した人達は、
自分が宇宙に注文をして現れた……ソウルメイト。
お互いに、光の中で取り決めをした約束に気づかせ、
役目を果たしてくれる……ありがたい存在なのです。

新たな環境へシフトする

もう1人のクライアントの方も、母からの紹介でした。
（当時）38歳の女性です。
彼女はその頃、付き合っていた彼との関係に悩んでいたので、
私のカードのカウンセリングを受け、それからの付き合いになりました。
不思議な縁で「この子を助けなきゃ！」と感じたのを鮮明に覚えています。
彼女も初めて私を見た時に「人と違った空気で惹《ひ》きつけられた……」と話してくれて、
興味を持ってくれました。
それから彼女は毎月、私のカウンセリングを受け、

次から次へと課題をクリアしてくるので、芯が強く感心しました。

「中々いないタイプ……もしかしたら……」

問題を乗り越えていくうちに信頼関係、絶対に勝たせる関係、明るい未来までも見え、現実がどんどん変わりました。

不思議な体験をした彼女は思考が現実に創り出していることを体感し、たくさんの話をして、気がつけば一緒に夢の実現に向かっていました。

ベストセラー作家のライブセミナーに誘ってくれたのも、彼女です。

それと……コンサルのアカデミーには、彼女がどうしても行きたかったのですが、

「私は今、時間もお金も作り出せないので、たかさん、先に行ってください。

たかさんはやることも明確で、アカデミーが必要なんです！

枠があと1名だからいってください！」

その思いと言葉にエンロールされ、じっくり考えている間もなく、内容を見た瞬間、「コレだ！」とピンとくるものがあり、直感で決めました。

コンサルタントというのは、よく分かっていなかったのですが……。

「やりたいからやる」というより、「私の人生に必要不可欠なので、断る理由がなかった」のです。

もう、自分に言いわけをするのをやめました。

すると、勝手に環境が変わり「やる」という位置に立ち、覚悟と準備ができ、コンサルタントになるように運ばれたということです。

目の前のことを一生懸命やり、夢を具体的に語っていると、自分に必要な出逢いや情報を人が運んできてくれます。

あの時、人生の価値をお金で決めて「受講料が高いから」という理由で、行かない選択をしていたら……と考えただけで、ゾッとします。

「相手を想う嘘」ならついてもいい

私の恩師、メンターと呼べる方が1人います。

もう、何だかんだで14年近くのお付き合いになるでしょうか。
私の家族や友人もお世話になっています。
先生との出会いは出版社のライターの方からの紹介でした。

「霊視ができるので、亡くなった彼と話せるんじゃないですか？」
と言われたのがきっかけとなり予約し、半年間待って、ついにその日がやってきました。
カウンセリングを受ける頃には時間がたっていたので、
見てもらう内容もすっかり変わっていました。

先生は天使や妖精、神様との対話に強い人で、
その道でも修行を積まれているとのことで、私は興味津々でした。
「こんな素敵な高級マンションがカウンセリングルームなんだ……」
芝浦の一等地でした。

初めてお会いした時、先生を見て……大学生なのか？　おばさんなのか？
どちらか分からない、年齢不詳という印象でした。
小さくて、少しふっくらして優しい笑みを浮かべていました。

カウンセリングがはじまって驚いたのは、私がいつも、
「言いたいことの半分も人に伝えられていない、
誤解ばかりされて、上手く言葉に出せない」
ということを言い当てられ、私しか知らないこと……心の中を見抜かれたことです。
不思議なことに、時間の流れが変わって、時空移動している感覚を体感しました。

先生が目を閉じている時、私はチラチラと先生を見て、
（この人、人間の姿をした神の使い？　天使かな……？）
そんなことが一瞬、頭を過《よぎ》りました。

帰り際に玄関で言われた言葉、

「たかこさん、嘘をつくことはいけないことではないんですね。何でも本当のことを言ってあげるから良い訳でもなく……相手を思う嘘なら、ついてもいいんですね」

「……？？？」

開いた口が塞がらなくなりました。私は絶対に嘘はついてはいけないと、ずっと思っていたからです。一瞬にして固定観念が覆《くつがえ》されてしまいました。

家に帰った後、（あの人は人間なのか？）と真剣に考えました。何だかそんなことを考えていること自体が怖くなり、あまりにも衝撃が強過ぎて1年近く行けなくなりましたが、その後は長年のお付き合いになり、事あるごとにお会いしています。

先生には、たくさんの愛から導いて頂き、今の私がいます。

たくさんの課題をクリアしながら次の新たなステージに運ぶお手伝いをして頂き、
分かれ道の選択にはいつも力を貸してくれ、
1人では暗くて見えない道をランプで照らし、
勇気の一歩を踏む後押しをしてくれました。

これからも私の人生に関わって、
ミッション・使命の達成を誰よりも喜んでくれる恩師です。
時に、優しい天使の笑みを浮かべながら、
悪魔のように厳しい言葉をかけてくることもあります。
その時は打撃もくらいますが、愛のムチだと感じています。

彼女のおかげで、1人では絶対に進めない先に足を踏み入れることができ、
可能性を見出して、未来に向かうことができました。

最高の恩師と出会えたことは私の財産です。
メンターとの出逢いで人は変わります。
素敵な方との出逢いは素晴らしい人生に導かれていきます。

すべては人から始まります……。
メンター選びは命です。
それこそ、あなたに目利きがあるかどうかは、
人生に浮き彫りにされ、現れてくるでしょう。

夢に向かい真っ直ぐに生きる

夢があれば、苦しい時も辛い時も希望が見え、生きていける。
夢さえあれば、ご飯が食える。

人は夢がないと気力がなくなり、目に輝きをなくしてしまう。
死んだようになり、エネルギーを感じなくなります。

先が見えない、問題が解決しない、課題がクリアにならない。となれば当然、そうなるでしょう。夢を描くことで希望の光が射すと、死にかけている人まで蘇《よみがえ》ることができ、人生を好転させることができるのです。

神から人間に与えられたギフト【創造力】を最大限に活かしたいものです。

過去の私は、仕事が長続きしない。すぐに嫌になって飽きてしまう。
嫌だったら、すぐ辞める。

承認のコップに入ったお水はだだ漏れで、中はカラカラでした。
幾度も挫折してきました。
自分のやることが分からない。「何をやっていいか？」「何ができるのか？」。
そんなことを考え、自分にダメ人間のラベルをペタりと貼り付けていました。

私は自分が嫌いでした。

本を出した後の私は、あんな衝撃的な内容をだして良かったのかさえ分からなくなり、
考えることも封印しました。

自分の姿を消し、人目につかないように生き始めました。
それでも、何年たっても、また「本を書く」「講演をする」……その思いは変わらない。

自分の姿を鏡で見る時期がやってきました。私はもう一度、本を書きたい、講演をしたい……漠然としたビジョンが少しずつ明確になりはじめていたのです。

根拠のない自信が湧き上がり、あてもなく歩きだし、答えを探し続け、私のやるべき道にようやくたどり着き、魂の奥から、訳もなく……駆り立てられる、情熱があったから生きてこれたのだと、今だから言えます。

実現しようとする未来があれば、どんなことがあっても乗り越えていける。できるかどうかは、自分次第。自分がやると決め、ブレない軸を手に入れる。行動し続けることで、道は開かれ、ヒーリングまで運ばれ、ようやく思い描いていたことが実現するようになりました。

何かをカタチにすることは簡単ではありません。それでも魂の自己実現、超越、描いたビジョンを叶えていく人は輝いています。キラキラしています。夢は小さな目的に何度も何度もたどり着くことを繰り返していくことで叶っていく。夢があると、すべてを受け入れ肯定的に捉えることができるので、

思い通りにいくことが多くなり、（結果）自分や自分の周りの人をも巻き込み、
夢や希望に満ち溢れていき、素晴らしい現実を創り出す。

夢は見るものではなく、叶えていくもの。
夢は死んでからでも見られるから、生きてるうちは叶えていかなきゃ損ですね。
私は地球にいる意味を役目を果たしますね。

せっかくだから。

内からも外からも輝く女性

出世したらずっと買おうと思っていた念願のシャネルのバッグやアクセサリー、パンプスはやっぱり素敵。女性の憧れ。


うっとりしちゃう高級感。気品、美しさ、キュートさがたまらない。

やっと自分で買えるようになった優越感を思いきり感じていく。


ちょっとしたお出かけなら普段はシャツワンピースにデニム、キャップとスニーカー、少しくずしてカジュアルに着こなすことが多い。

トレーナー、ロンTにデニムにキャップ、冬はニット帽が好き。

そこに素敵なピアスやバッグをつけて……。爽やかでシンプルにサラッとね。

かっこいい女性になりたいものです。

加圧トレーニングで磨き上げた美しいボディ、お尻が上がっていることを描いておきます。

夢を語るのはただですから……。


まずは、言葉遣いが美しいと、とても素敵な人に感じられます。

ブランド力を高めている方の特徴のように思います。

気品ある優しさや愛からの言葉に意識を向け、感情的になってしまった時は素直に謝る。

たまには悪い言葉を出してもどうぞ。


でも、その後は撤回すること、感謝することを心がけていきます。


そして、胸を張って背筋がピンッと伸びていて、立ち方、歩き方が美しい女性は何をしていてもいい女に見え、誰からもうっとり見惚れるほどにオーラを感じます。

さらに、人生の経験を全て肯定的に捉え、前向きに生きていく女性は内からも外からも輝いています。内面だけの美しさだけではなく、外見を美しくすることもブランド力を高める女性には絶対に必要不可欠です。

特に人は見た目、外見から判断されることが多いですが、バランスがとても大事で、今の自分にあった立ち振る舞いが重要視されるので両方を兼ね備え、女性の魅力をアップします。

ブランド力を高めるには、（一見）まったく関係ないように思われるかもしれませんが、食べるものに気を使うこともとても大切になってきます。

口に入るものは体をつくり、脳の働きも良くし血になるので、有機野菜を摂り、良質のお肉やお魚を食べるようにしています。

外食をする時は少し高めのお店に行き、その時々の季節のもの、旬のものを食べさせて頂き、ゆったりと流れる時間を楽しんでいます。質の良い、美味しい食事をすることで、（食材の）産地から湧きあがるエネルギーが見えてくるように思います。

かっこいい女性

ブランド力を高めるには日頃の積み重ねも影響します。
よく持ち歩いているハーブティーやお茶を入れた水筒。これは、お水とお茶にこだわり、
どこでもホッとでき、リラックスすると、自然体で人と関われます。
長時間、ちょこちょこ口に入れるキャンディは添加物を使用していないものを。

そしてもう1つ大事なのは文房具用品です。

シャープペンやボールペン、ノート……あとは手帳です。

何か思いついた時や、「コレ使えるね～」「いいね～」と我ながら思うことがあった時、
忘れないようにメモをとります。

手帳は予定を忘れっぽいので、必需品です。

今までは可愛い感じの文房具用品を愛用していましたが、
ブランド力を上げるとなるとかっこいい女性をイメージするので、
ブランドの手帳などを持つのも良いし、ノートや手帳なども素敵かも……。

それでも、まだ使いやすく、可愛いものを選んでしまう自分とおさらばできなさそうなら、何か特別な日を機会に高級感あるものを購入してみるのもいいでしょう。

今までは、消耗品だと思って、可愛くて安いもの……と思っていた気がします。
ブランドに拘《こだわ》るのではなく、持っていて気分が良くなることがポイントです。

夢を与えるブランド力のある女性になるには、新しいことにチャレンジし、色々、試す。
よく接する顧客をワクワクさせたり、喜ばせたり、驚かせたり、
「凄い、こうなりたい！」そう思われてこそ、
ブランディングコンサルタントとして「一人前になった」と言えるのかもしれません。

そして、たくさんの人を見るのも大事ですが、目の前の人にどれだけ本気になれるか。

自分を信頼して来てくれた人達と1人ひとり向き合うことで、その方の人との関わり方、生き様が見えてくるように思います。

目指す場所に真っすぐに進み、
自分の世界観、意見がはっきり言える人は、
個性が際立ち光り輝き人々に希望を与えています。

エネルギーは食事から

食事は命を繋ぐもの。

口に入るものなので、無農薬、有機野菜を食べています。身体のガソリン的な役目を果たしてくれているのが食べ物ですから、質が良いものを摂れば、燃費が良く、長く走れる。1つひとつの部品が機能し、よく動き、物事の考え方、捉え方もよくなります。

農薬を使っていないお野菜は安心して食べられるので、身体の中に入った時の優しさ、思いやり、安心感などが細胞へと染み渡ってゆきます。

調味料は、有機ケチャップ、醤油、みりん、などを選び、塩もミネラルが多く含まれているものを使用しています。

アレルギーもあるのと、食べ物は身体をつくる大切なものなので、家での食事にはエネルギーを注いでいます。

お肉やお野菜も良質のものを選んでいます。お肉は質が良いものなら、適度に食べれば太らない、病気になりにくいとも言われています。

安いお肉などは危険な場合もあるので、気をつけています。

料理を作るさいには時々、ヒーリングをしています。
牛や豚など、殺される時の痛みや苦しみ、悲しみ、恐怖を取り除き、無条件の愛、癒しのエネルギーを送ります。身体に入った時に良いエネルギーに変える。
ヒーラーの特権を活かし、
魔法使いになったように「チチンプイプイ」と楽しんでいます♪

他にはランチに行く時、お刺身、天ぷら、茶碗蒸し、牛トマトすき焼き、お新香、御飯、デザート……など。うなぎもよく食べています。

和食中心。「日本人に生まれて、良かった」と思いますね。

旅先の食事では、海のもの、お魚、その季節のものを堪能しながら《量より質ということで》美味しいものを頂くようにしています。

最近は、青のり、味のり、納豆、梅干し、お漬け物、豚汁、焼魚や煮付け、かぼちゃの煮物、目玉焼き……そんな粗食にハマっていて、毎日食べても飽きない、落ちつきます。


食事に対する考え方は、その人の生き方そのもの。

食べることを大切に、身体に入ることを思いあえる人は、家族のことを第一に考え、健康を守れる人。愛が溢れている人です。

パートナーを選ぶ時は、食について話してみるのが良いでしょう。

美味しい食べ物は心までも豊かにし、その日のエネルギーまでも上げてくれます。

習慣が人生の鍵を握っている

魂の自己実現、似た価値観の目的に向かう人たち……仲間とよく話すと、パワーになります。

クライアントが、

「今日、こんなシンクロニシティが起こりました！」

「～が起きて、問題の理由が分かったから、これから課題に取り組んでいきます」

そんな会話をしていることでお互いに聞きたい情報を得ることができたり、結果、互いに与えることができ、自分の人生に何が起きているか、しっかり事実と向き合うことができます。


お互いのエネルギーが上がり、運の流れがよくなります。気持ちよくすること、嫌なことや辛いことがあったら、誰かに聞いてもらうということは、とても大事です。
その時の感情を感じきるから、本質にかえることができます。
一度、どっぷり浸かって「自分は悲しかった、辛かった」ということを認識すると、
消化しやすく切り換えが速くなります。

他には、クリスタルボール、音叉《おんさ》、天使の周波数（528hz、4096hz）など、
ヒーリングミュージック、CDなどを聴くとスッキリします。エネルギーもアップ。
愛犬とよく聴いています。

毎日続けることや、朝早く起きることが苦手な私がやったこと——2年間、
週3日、5時30分に起きていました。
早く起きる感覚を身体に覚えさせたことで、早起きに対する苦手意識がなくなりました。

私が極力、大事にしている時間……。
ヒーリングや瞑想をすることで自分と対話し、ビジョン瞑想、
ヒーリングミュージックを取り入れたり……。要らないものを取り除き、お掃除する。

思考、ハートチャクラの浄化。メンテナンス。

横にはいつも愛犬がいてくれるので癒しの時間です。

趣味の延長から自分を開拓していくこと、人と接することで見えてくる、自分の使命を思い出し……次のステップを踏むこともあるでしょう。

何をやっても変わらない、習慣にならない時には、生きていく上での生涯をかけた課題、メッセージの場合もあるので、自分を責めたり追い込むことはせずに、エネルギーを上げていくことを心がけてください。

習慣が変われば望む未来に近づきます。

特別を日常に

食器、コップやお皿などが好きで、眺めているだけでもテンションが上がります。
マイカップや毎日使うお皿や、お茶碗にはこだわり、気に入ったものをそばに置きます。

静まり返った場所。
吊り橋を渡った素敵な温泉。和歌山県は食べ物も最高ですが、海も美しい。

熱海や沼津、魚介類が豊富で新鮮なお魚が食べられますね。
食事は銀座にある料亭。
知人が経営している素敵なお店です。カウンターはヒノキを使い、
京都の雰囲気を漂わせる贅沢な刻《とき》が……何とも落ち着きます。

料理は季節のもの、旬のものを出して頂き口の中で味が広がります。
夏は風鈴の音が聞こえてくるような、冬には一瞬にして日常を忘れさせてくれる、
心温まるお料理を出してくれます。大切な方をお連れしたい場所です。

何か嬉しいこと、喜ばしいことがあれば、すぐにお祝い。
予祝をして前もって準備していると、いつでも特別な日々が生活の一部に……。

小さな贅沢をちょこちょこ味わい、波動をあげましょう。

それだけで自分も近くにいる人も幸福にしてあげることができる最良の手段です。

感性に磨きをかける

クリスタルボールの演奏やクラシック、ゴスペルを聴いたり、アート、舞台、ミュージカル、映画などを鑑賞する、ライブに行く、本を読む、旅に出る、森林、公園を歩くなど、発想やインスピレーションが降りてくることもあります。夜空を見上げ、星や月をゆっくり眺めるのもよいでしょう。

感情表現が豊かになり、時に人生を違う道へと方向転換するほどの衝撃を受け、新たな旅立ちのきっかけになることすらもあります。

本を読む時も、ただ読むのではなく、本に書いてあることを実践して、日々の生活に取り入れていく。そこからスタートしても良いでしょう。

生き物、動物を飼うなども人間力が大きくなります。命を扱う、大切に育てることは、責任感、言葉では言い表せないほどの、果てしない思いやり、尊さ、慈しみを覚えます。それにより、守ることの意味を知り、計り知れない愛を感じます。

私は愛犬のおかげで母性を知り、強く生きること、この子を生かす最高の手段が私のスキルを上げる源になっています。愛犬の存在は、私の生活習慣を変え、正解を教え、喜びと感謝を与えてくれました。「幸運の人生に運んでくれた！」と間違えなく言えるでしょう。

そして、なにより表現が豊かになりました。動物を飼うこと、大切に育てることは願望実現の近道です。愛犬との出会いは女性性を引き出し、ちょっとやそっとでへこたれない、強い女性へと成長させてくれました。

はっきり言えるのは、愛犬がいてくれたから、今の自分になれたということ。小さな身体でも、影響力はかなりあります。彼もまた成功のカギを握っている、家族の一員です。ワンちゃんと布団に入って眠るひと時は至福の時間です。

他には、クリスタルボールでハートチャクラを開きやすくし、
θ（シータ）波にさらに深く一瞬で入れるよう、取り入れていきます。

クリスタルボールは水晶でできていて、
他にもプラチナ、ゴールド、セドナの原石、
シトリン、アメジスト、海塩など……様々な種類はありますが、
純正なものを練り合わせたもので、
すべて身体の中にＤＮＡまで音が振動して流れていきます。

愛と奇跡の音とも言われ、細胞の修復、若返り、ハートチャクラの活性、
素晴らしい人間関係を創るなどとも言われ、女性性、感度が良くなるそうです。
クリスタルボールを聴くだけで、その美しい音色に魅了されてしまい、
あらゆる感性が目覚めていきます。

お金の使い方で生き方が決まる

シンプルにハートに従って、
「コレを持つと、気分がいい！（モチベーションが上がる！）」
と感じるものにお金を使います。
自己投資は、なぜ重要か……？
マイナスになってまでの自己投資は、後にその人を大きく育てます。
ピンチになれば、「なんとかしなきゃ！」と思考回路が全開に。すると……。
そこからが本当のチャンス到来。
高いからやめる、安いから買う。そんな問題ではないのです。

金額で決めるということは、

「自分は、その金額よりも価値がない人間」というレッテルをペッタリ貼ることになります。
「私という存在は、お金では引き換えにならない価値のある人間だ」ということを行動で示し、その領域を越えることで豊かさが現実に現れてきます。

その一歩を踏み出してみる勇気があるか、ないかで、人生は大きく変わってしまいます。
その自己投資が独りよがりではなく、豊かさから到来したものなら、後から現実が答えを映しだしてくれるはずです。

お金の使い方と人の接し方は比例しています。

【お金持ちだから】というだけでも、
【仕事が大きくなり循環しているから】という理由だけでも、その人を見抜くことはできません。シンボルだけでは分からない。
お金の使い方を見れば、その人の生き方、思考がすぐに分かります。

人によく思われたくて、かっこつけたくて、承認されたくてお金を貸したり使ったりしている人。一円でも大事にして、失敗を認め、必要じゃないところから回収して、大事なところにお金を流せる人。ただ、洗いざらい自己投資して、どれも中途半端に手つかずになり、お金の尊さ、有り難さに気づいていない、自分がまったく理解できていない人。

すべて、現状をみれば分かります。
お金は人から感謝され、与えた分だけ返ってきます。
今のあなたの豊かさは、あなたが創り上げてきた思考の産物なのです。

今、「お金がない」「もっと、必要！」と考えている、もしくは「苦しい」とすらも感じなくなってしまっているとしたら、現実逃避しているだけで、よりお金を遠ざけてしまっています。「ない」ということも、お金が足りないと無意識に思考していることに。

あなたのお金に対する価値観が変わった時、今までより、もっと豊かな現実になっていくことでしょう。

物質、シンボルを手放した時、お金の流れが変わり、必要なところに舞い込んでくるようになります。
それにはありのままの事実をしっかり受けとめ、正直になることがポイントです。
そして、無理に大人として社会的な対応をするのではなく、
分かったつもりの振る舞いでもなく、心から感謝できると、行動が変わります。

【たった、今、充分にある】ということを実感できるか？　だけなのです。
この瞬間を噛みしめてください。感じてみてください。

満たされていることを知った時、
すぐ手に届くところに「すべてがある」と知るような出来事が起こりはじめます。

私たちは日々の生活の中で、豊富に「今日、食べたいもの」を口にすることができる。
「やりたい！」と望むことにチャレンジできる環境にいて、
いつでも手に届く時代に生まれているのです。

だからこそ、《ない》ことに焦点を合わせるのではなく、

《ある》こと……恵まれていることに気づき、同調することで、
自分にとって絶妙なタイミングで、宇宙からのギフトがやってきます。
せっかく、こんなに素晴らしい日本に生まれてきただけでもラッキーなのだから、
自分をどんどん満たし、
人の分までお金を引き寄せることにチャレンジしない手はないでしょう。

なぜなら、私たちはお金とは引き換えにならない、かけがえのない、たった1人しかいない存在だからです。いっぱい、贅沢していい。いっぱい、好きなことをしていい。いっぱい、食べたいもの、美味しいものを食べていい。好きなことをいっぱい楽しんで、好きな人と、好きな時に、行きたい場所に遊びに行けばいいのです。

一度の人生だから、大切な刻を過ごす。もう、自分を責めなくていい。
なんにも悪いことしてないよ。制限しないであげてください。許して、手放す。
これから先に、自分にご褒美をいっぱい与える……満たしてあげることは、
自分も周りの人たちも満たします。

食事は美味しいものを堪能、好きな時に好きな人と……自己投資、ボランティア、社会貢献にお金を流す。

私たち人間は動物、犬の保護など弱いものを守る義務があります。

お金はエネルギーなので、人、動物、環境保護などに感謝しながら使っていくと、その豊かさが巡ってきます。

無限の可能性を開き、豊かさで満たされ溢れたら必要とするところに流す。その循環を創り出す。

思考の産物は自分の中から見出すものなのです。

他人を信じる

ヒーリングとは……人を癒し、安心させる仕事です。

光や無条件の愛のエネルギーを送り、潜在意識を動かし、その人にあったタイミングで、目の前の問題を解決していく、魔法のステッキを授かることができました。

私はヒーリングに出逢ったおかげで世界観が広がり、できないと思っていたことができるという確信に変わりました。

以前は、どこに出かけても落ちつくこともなくソファーに浅く腰掛け、いつでも荷物を持って帰れるように座っていましたが……。

今では、深く安心してゆっくりと座れるようになりました。

人を心底信頼することはあまりありませんでしたが、そこにも変化がありました。
疑いから入っていた私が他人を信じるようになり、
ニュートラルに（そのまま）を見ることができるようになったのは奇跡です。

妹をはじめ、家族しか信じていなかった私が、
人を受け入れることができるようになったのは大きな前進でした。
たとえ他人に裏切られるような出来ごとがあっても、
無理に頭で理解しようとせずに目指す場所までの必要な道のりだと考え、
離れて行った相手に対して、以前のような怒りや悲しみの感情を、
後々まで引きずることはなくなり、解放できるようになりました。

自然に起きたことを受け入れられる自分が完成。
そして、また新たにソウルメイトに出逢い……ときめき、
深く繋がっていくことを楽しみ感謝する。
どんな時も、自分の人生に登場してくれたゲスト【深くご縁を感じた人】を、

信じて……飛び込んでみましょう。

その時、ベストを尽くすことで、
あなたが心から信頼できる人と巡り合うよう運ばれていきます。

人生の道しるべ

人を信じることができなかった私は、ある心理学の（体感型）セミナーに行ったことをきっかけに、ガラッと変わってしまったのです。

そもそも、私は宇宙の法則、引き寄せ、自己啓発本などを読みあさっていたので、それを体感することができるなんて……刺激が強いジェットコースターに乗るようなもので（!?）ワクワクしていました。

私が自らセミナーに出向いたのは、人との協調性ゼロ、他人がなにを言っているのか理解できない……ということに、違和感を感じていたからです。

もう1つは、集団行動が苦手、地球のルール、常識といった枠組みに収まれない。

ということは、自分を活かし、発揮するステージに行かないと、望む未来は、ほど遠くなるばかり……と感じていたからです。人からよく浮き世離れしていると言われ、その言葉がどんな意味なのか……のちのち、気づかされることになりました。

私が初めてセミナーに行った時、トレーナーは男性でした。まるで『世にも奇妙な物語』のタモリのような話し口調で……さらには、モグロフクゾウまでもが登場。「ドォーン!!」と突き飛ばされ、「どこに行くんだろう?」そんな刺激的な感覚でした。そこで、本来の自分の姿を目の当たりにしたのです。

いつも世間から言われている言葉。正直、「もう、聞きあきたよ……知ってるよ」というところでした。それでも、何度も繰り返される言葉。

今までスルーしていたことも、聞かざるを得ない状況に立った時、人は変わります。

誘導瞑想の時間、ゆっくりと目を閉じると、自分の未来の映像がハッキリとスクリーンに映し出されたのです。そこには、裕福な家族が笑みを浮かべ、私はウェディングドレス、あたたかい家庭を築いていました。本気になり、必死になり、もがいて、冷静になると、その中から本来の自分が見えてくる。

弱い自分を見るのが怖くて、身体が反応を起こしていました。

初めて受けたコースの後、吐いたことも。

本質ダイヤモンドをつかむ、メインの（私が一番受けたかった）コースでは……喘息の発作が出ても、身体を折り曲げながら、這いつくばって、電車に乗っていた自分がいました。（チャンスをつかむんだ！）こんなところでくたばるわけにはいかない、という強い気持ちでした。興奮しすぎて、セミナーに行く朝、鼻血が出たり、円形脱毛になったこともありました。

家族を守りたくて、頑張ってきた自分。

本がまた書きたくって、命がけで内観してきたこと。

勝手に自分の評価を下げて、まったく、承認していなかった自分。

かっこ悪いと思っていた自分が、実はかっこ良かったことに気づけたこと。

弱い自分を心から愛おしく思い、

「よく、ここまで頑張ってきたね……」と優しく抱きしめてあげられたこと。
大嫌いな自分の部分を受け入れることで、大好きに一瞬で変わってしまったこと。
自分と人とあんなに向き合って、本来の自分を知る時間を取るなんてなかったから。

私は積極的な女だったと思いだした時は、身体から電流が走りました。
手がジンジンして、身体が熱くなってエネルギーが上がりました。
人と触れ合うって温かいんだって知りました。
私は積極的だったから、どんな時も前に進むことができた。
出版社に飛び込みで原稿を持って行き、チャンスを摑み出版したことも、
覗《のぞ》いたこともない場所に足を踏み入れることも。
チャンスの切符を手にしてきたのは、
「この自分だったからなんだ！」って、気づいたんです。

トレーナーの女性に言われた一言、
「たかは、そんなに強くない。そんなにヘラヘラ笑ってるほど平気じゃないでしょ！」

（今まで笑って、誤魔化してきた……すべてお見通し……）膝から崩れ落ちそうになるくらいの、衝撃的な言葉。口もとは震え、涙がこみ上げてきました。人前で弱さを見せた瞬間。何かが崩れ落ちていくように、強く握りしめていた拳《こぶし》に持っていた刀を指から一本、一本、離すように、やっと手放すことができたのです。

そこまで真剣に自分と向き合っている人達と関わり、そこで知らない自分の一面を見ることができ、まだ、まだ、日本の大人たちも捨てたもんじゃない、凄いんだ……と、人をもう一度、信頼することができたのです。

浮き世離れの意味は、すべてを受け入れることもなく、現実逃避することで、自分だけの世界観を創り、地球から離れ生き急いできたことだと感じました。やっと、地に足をつけるところに、舞い戻れた。

この日から、私の未来の設計図を見直し、そのレールの上を、しっかりと走りだす、新たなスタートをきることができたのです。

メンターで決まる

私にとって重要な選択の時に道を示し、アドバイスをしてきてくれた方は、14年近くお付き合いしているカウンセリングの先生です。

これまで何度もお話に出てきていますが、
先生に出会いカウンセリングを初めて受けた日のことは強烈に覚えています。

とにかく時間の流れが変わり、「今、ここ」の場所では感じたことのない時空を超えた時を体験し、その後、1年近くカウンセリングに行くことはありませんでした。

それほどに、怖い＝凄い人が実在することを知ってしまったからです。

当時、生意気だった私は尊敬する大人が近くに存在しないので、人の言うことなど一切聞き入れることはしませんでした。

初めて先生の言葉を素直に聞き入れることができ、
次々と自分の課題に向き合いクリアしてゆきました。

夢の実現に向かっている時、メンターの存在がなければ、
心が折れて挫折していたことでしょう。人はそんなに強いものではありません。
何でも1人で成し遂げられるほど、甘いものでもありませんでした。

たとえば、オリンピックの出場を決めたスポーツ選手が、世界1位を目指し練習するのにプロの一流コーチ、メンターをつけないで1人で勝手にトレーニングするなど、ありえない話です。大きい舞台に立つ人ほど、必ず一流のコーチ、メンターと二人三脚になります。スピリチュアル的には《ガイド》とも言います。

自分だけの考えで来ていたら、
視野の狭い固執したものの考え方になっていたことでしょう。
人にどう見られているか？　を気にするのではなく、自分はどう見えているか？
自分の在り方に気づくことができなければ、

自分の人生を思い通りに展開していくことはできません。

もちろん、自分のこともよく分からない人がメンターになるのは裸の王様状態。自分の振る舞いに気づくことの大切さも実感しています。

メンターという存在は人生の道のりに大きな影響を与えます。途中、ステージアップの転機に新たなメンターと出逢うこともあります。

それでも、最初のメンターというのは、険しい森の中で先が見えずにうずくまっている時に引き上げてくれた人。その繋がりや関係性を大事にできるからこそ、土台があり、その上に家が建つ。それだけ尊い存在なのです。

自分のメンターを、訳もなく信頼できるか、尊敬できるか、ということです。

クライアントの方たちが、道を示してくれるメンターやガイドの顔を見て安心して「何だか大丈夫」と思える心強い人、笑顔と喜びが溢れる存在になることは理想です。

失敗を許す

仕事で上手くいかない時に失敗を許してくれる人、
私の場合、ある時期までは家族だったりもします。
失敗したり落ち込んでいる時に、最高の天国言葉で励ましてくれたのは……妹だったように思います。途中、進化していく私を理解できなくなったようでもありましたが、
家族との関係性、在り方にも変化が起こりました。

そんな中でも妹は、私を今まで支え、私の性質、弱さを、
良くも悪くも知っているので……取り扱いが上手なその道のスペシャリスト。
私が落ち込んでいる時の励ましは天下一品でした。
欲しい言葉をくれ、元気にしてくれる。一緒に笑い飛ばして「まっ！　いっか！」と、
もとの機能に戻し、また、社会に「行ってらっしゃい！」と送り出してくれる。

私には意外とナイーブな一面があるので、そんな周りの人に支えられています。

母は、あまりにも私が責められている時は、
「ちょっと言い過ぎよね」と一緒に怒ってくれたり、私以上に文句を言って、
「そんな人、付き合わなきゃいいじゃない！　やめた方がいいわよ」
「人間なんてね～、そうそう、そんなにできてる人なんていないの！
そんなに、あんたみたいに人のことまで考える人なんて、中々いないんだから……。
しょせん、他人なんだから」

簡単にいうので、何だかこっちがスッキリしたり、
「え～！　この人やばい」と、びっくりするほど。
まるで母がそう言われたかと思うほど。

私は「ママ、もういいよ……大丈夫だよ……」「ママ、世の中には、もっと凄い愛の人もいるよ、ラオスの売春された少女を守るシェルターのボランティアに力をいれている人

とか、医療の方で救急車を増やすところに寄付している人とか。信じられる人もいるよ」

私は母に考えさせられたりします。

母は人が好きで、そこにいるだけで、人に与える人だから。

もう一度、人を信じて欲しい。母のまるでヤクザの組長になれるような、
肝が据わった強さと、何があっても、動じない、切り換えの速さ。面白さと、

「ヤバイ、さすが私のママ……」と思うほどの、馬鹿なのか天才なのか⁉

分からない柔軟性、運の強さを、世の中で活かして貢献したら、母は輝く人。

それを誰よりも私が知っているから、一緒にそうなりたくて、
それが励みになって頑張ってこられたということは大いにあります。

母の存在は大きく、現実的にシンボルとしてカタチに現して、褒美をもっていかないと
喜ばない、意外と厳しい人。その代わり……成果が出た時はそのまま一緒に喜び、
失敗したら受けとめ、大きな愛で包み許す。
どんな時でも家族をそのまま受け入れる、絶対の安心感。それが母なのかもしれません。

母は強い女性なので、辛いことを話しても次の日には忘れているくらいの人です。

逆に、父は心配しすぎて感情が乱れてしまうので、あまり失敗した話はしません。

私は家族やクライアントの仕事の失敗話を聞く時は……受け入れ、励まし、自信をつけたり、同じ気持ちで話したり、許しています。


相手が失敗した時、必ず許します。

誰もが失敗をします。失敗しない人などいません。

私も何度も失敗をした時に、受け入れ許し聞いてくれる人がいるだけで強くなれました。

前向きな思考に切り換えられたのもその人達のおかげです。


許すとは、いつも変わらない場所にある光。その光を目指し、私たちは暗い時もそれを頼りに前に進むことができるのです。

自分ごとのように喜ぶ

仕事で上手くいった時、一緒に喜んでくれる人。成功の知らせを自分のことのように嬉しそうに聞いてくれる人。まるで子供がお土産を楽しみに待っていたかのように。そんな周りの人たちに囲まれ努力し、可能性を超えていけるのだと思います。

誰よりも自分の成長を喜んでくれている……家族、周りの人に、1つひとつのビジョンの実現は希望を与えます。その人達の喜ぶ笑顔が見たいから、頑張れる。

元はといえば、8年前に初めて夫に出会った頃、
「また本を出したいんです！　講演やセミナーもやりたいんです！」と話していました。
「たかちゃんの夢、叶えよう」なんて言ってくれ、それからしばらくすると、ガチの本気モードでトレーナーのように厳しく向き合ってくれました。

行く先の未来の上でお互いを尊重し尊敬し承認し、共に敬意を示し、喜び合い、ビジョンに向かっていました。そこまでガチで向き合ってくれたパートナーだから、互いの人生の目的や価値観が明確になり、最初と変わってしまうことも通る道。よくある話です。

もしかすると、「自分は本当はそのことを望んでいなかったかもしれない！」と、気づいてしまうこともあるかもしれません。

お互いがリスペクトできなくなってしまった時は、大切な人だからこそ相手の希望を聞き入れ、手放すこともあるでしょう。一緒に喜べなくなってしまった時、思いやりを示せなくなってしまった時は、そう考えることも相手を思う愛のひとつのカタチなのです。

どんな時でもパートナーの願望実現の達成を自分ごとのように喜べるか？

私は、周りの人達が仕事で上手くいったエピソードを話してくれた時、自分の現状がどうであれ「凄い〜！　さすがだね〜！　かっこいいじゃん！」と、様々なリアクションで盛り上がります。やっぱり、上手くいった時こそ希望になり、その場面で一緒に喜ばなかったら（どこで喜ぶの？）といった感じです。

その点、女性の母性、優しい気づかい、細かい心配りは相手の気持ちに《同調》できる素晴らしい技でもあります。ハートで喜びを感じることで上手くいかない現実から引き離し、同じもの（憧れていたもの、欲しいもの）を、簡単に引き寄せることができる、一番早く願望を実現させることができる唯一の方法です。

人が育ててくれる

謙虚さは少し前の私のテーマでもありました。

自分は悪くない。そう思うと、絶対に謝らない。ある時、夫と言い合いになり、(どっちが悪いとか、裁判でもないんだし、どっちでもいいや。私は何だかんだ偉そうなこと言っても食べさせてもらってる立場だし……)。

「ゴメン……なさい」

そのひと言がでて素直になった瞬間、本当に楽になりました。
謙虚になるということはとても難しい前進でした。

ある女性から教えられたこと。彼女は私よりも年上で、結婚していて夫婦関係でも先輩。成人した息子を育て上げた彼女はとても頼りになりました。

私が自分にばかり意識が向いて、いっぱいいっぱいになっている時、夫婦のことで、何度も課題に向き合い、「もうダメだ」と投げ出しそうになった時、今までの経験と大きな包容力でどれだけ助けられたか分かりません。

「たかさんは、すごい人なんだから、人と違う体験をしてるんだから、乗り越えられるよ」。そう言って、声をかけてくれました。

彼女も、やることや課題がたくさんあって大変な中、時には厳しい言葉。それでも、人に寄り添う気持ちが強く、自分より相手になり過ぎてしまい、パニックになって怒る時も。年上だからと知ったかぶりをするどころか、「たかさん、さすがだね。教えて」何か私に強くフィードバックされても「後から考えて、たかさんが言ってる通りだと思った！」

「ありがとう」

「ごめんね」

と言える人。

柔軟性があり、フットワークの軽いところも尊敬しています。


母のような母性と優しさ、そしてぶっ飛んでいる一面、お茶目な可愛いらしさを表現できる……そんな素晴らしい女性です。彼女から学ぶことは多く、感謝しています。

自分の人生で可能性を超え精一杯になっている時、そのままでいい。

分からない時は分からないでいい。

自分らしいスタイルで周りの人やクライアントと接していきます。
そうすると、周りの人たちが沢山情報を教えてくれます。
私の得意なところを頼りにしてくれて、
無知なところは皆さんが教え私を育ててくれます。

正直な態度は自信に繋がる

こちらが真っ直ぐに正直に接していると、
クライアントは鏡のように自分の在り方も映しだしてくれます。

そして自分の問題を解決しよう、課題を超えていこうという思いから、
人に話せないような胸の内までをも話してくれます。

私を信頼し、訪ねて来てくれたクライアントが
「この人にまかせて大丈夫」という安心感を抱けるところに意識を置き、
自分の経験をフルに活かし問題解決、課題クリアに一緒に取り組みます。

相手の課題に対し的確に突っ込みを。

そして何より嬉しいのは、クライアントが
「今までの自分は、どうして現実にこの事実が起こっていたのか……？」
と相手のせいにしていたことにハッと気づいたり、
自分が思考して引き寄せていた状況だと口に出すことです。

言葉にできたということは、半分以上解決したようなもの。
成長していく姿を目の当たりにしていき、私自身も成長させられています。

クライアントが成長することをサポートできる＝仕事のレベルも上がっていき、
実績に繋がります。
私が正直に接してきた結果、クライアントとの信頼関係と仕事の成果と、
すべてが直結してきていると感じています。

最高の仕事をしたと、自分に言えることで私は自信に溢れていきます。
誤魔化したり、妥協したり、言われたこと以上の仕事をしないやり方は、
一時的には仕事が増え盛り上がるかもしれません。

でも、長い目でみたら……その内に衰退します。
誰が何と言おうと、自分の心が本当のことを知っているから、
私は人に正直に接して気持ちのいい日々を過ごし、
いつでも堂々と胸を張って生きることを選択しています。

他の誰でもない、自分のためにそうするだけです。

笑顔でいれば、みんな笑顔でいてくれる

色々な問題や課題が出てきますが、
一所懸命な姿が微笑ましく笑顔にさせてくれます。

「～が起こりました」

「奇跡が起きました」

「不思議なことがありました」

「初めての体験でした」


そんな声が私をどんどん喜ばせ、笑顔にしてくれます。

それこそが、最高のご褒美です。


クライアントと一緒に分かち合い、喜び、難解な問題や課題をクリアした時、

関わりを通し人との深い繋がりが生まれます。
分かり合える、自分の目的をしっかり見てくれる、応援し、サポートしてくれる人がいるだけで、人はどこまでも、喜びと生きがいの可能性を開花していくのだと感じます。

今まで頭では分かっていても、思うような人生を生きてきたか？　と問われると、ひとりでは難しかったように思えます。

自分の成長を誰よりも応援し、達成を手放しで喜び賞賛されることで、まだ見ぬ知らない自分を発見し、驚きが連続する人生を体験していくのです。
気づいたら過去の自分では考えられない枠を超えている……それが、当たり前になっている。人は計り知れない奥深いものだと何度も思わされています。

そんなクライアントの可能性を最高、最善、最大限に引き出すのが私の役目。

私はとにかく笑顔が得意。

いつもニコニコして話していると、最初に暗いエネルギーで来たクライアントも段々笑顔を取り戻し、帰るころにはスーパースマイル。高いエネルギーにガラッと変わり帰って行きます。

感情のバランス

壮絶な半生を送ってきた私には繊細な一面があり、平気なフリをして傷つきやすく、すぐに引きこもりがちになり、寝込みやすく、感情は乱れやすい状態でした。

いつも気になっていたのは、成功者は、みんな感情と上手く付き合っているということ。よく、メンタルを強くするなんて言うけれど、そう簡単に強くなれるものじゃないし、どうやって心を強く鍛えるのか、なんて真面目に考えたこともありました。

そんなこともすっかり忘れかけていたある日、山梨県にある《古神道本宮・身曾岐《みそぎ》神社》に運びを受けました。この場所は全チャクラが開く標高に建っています。ここに来ると滞っていたものが解放され、澄んだ空気を吸い込みチャージできます。

食べ方は生き方。その人の食べ方を見れば生き方が分かる。
食べる＝命を繋ぐことを行の中で教わりました。

静けさの中でご飯を噛みしめ食事をいただくことは、味の感覚が敏感になり、身体の中に染み渡るようで、初めて行に入った時はひと口、口に運び、噛むたびに涙が込み上げてきました。

大きな声で因縁カルマまで祓《はら》い清めてゆく祓い座。
声が枯れるまで（生まれてきて、こんなに大きな声を上げたことはないというほどに）息を出しきりました。

聴門（神学講話）では、宮司の話にうとうと眠くなり、まるで江戸時代の寺子屋を思わせる背景と神聖な環境です。
冬は寒さに耐え、正座の足の痺《しび》れがこたえ、眠さに耐えながら、自分と向き合い、無になるまで我を祓い清めます。

そんな中から、当たり前にあるものも当たり前ではなく、
（食べたい時に食べたい物を口にしている）有り難さに気づき、
ちょっとやそっとのことで右往左往しない、メンタルができあがりました。
どれだけ大切にされながら育ち、安全な日本に生まれてきたのか。
格式ある日本の伝統、密教を学び、日本人として誇らしさを感じました。

その中で、私は集中的に神さまに呼ばれ、行に入っていたのは3年半近くでしたが、
苦行の中からは苦しか生まれず、有り難さ、喜びや感謝を感じれば、
自ずと答は降りてくると知りました。

神様は、神鏡。
鏡で私たちの本来の顔を見せてくれるのです。
それは、それは、尊い教えでした。

その道の方から言わせれば、私など、修行の内にも入るのか、足元にも及びませんが、

私なりに得たものは、この後の《ブレない軸》信念が築き上がったようで、
神とのご縁、運びに御礼、感謝申し上げます。

身曾岐神社の代表、ご夫婦はいつも私を気にかけ、温かく見守り導いてくれました。
優しく声をかけてくださり、
素敵な年の重ね方をした美男美女のご夫婦の笑顔に安心します。

ある時、道を間違えて神社に大幅に遅れて行くことになり、
修行座の方を待たせてしまう事態になったことがありました。

その時、神社の代表は修行座の方に深々と頭を下げていたと、後々聞きました。

代表は、そんなことがあった素振りも見せず、大きな器の神道に相応しい優しいお人柄。

この神社にご縁があり、導かれたことを嬉しく思いました。

そんな方たちに支えられながら、今の自分があるのだと感じています。


時を重ね時期が来て、ついに蕾が開き凌駕《りようが》した。

あの時、なぜ、あんなに修行していたのか。
あてもなく答えが見えてくると信じ、
まるで神様に呼ばれているかのように通っていました。

今、はっきり言えること。
それは、神様に耳を傾けていると声が聞こえてくる。
それは、誰の中にもあるということなのです。

人の感情にたずさわる

人が焦っている姿をみると、かえって冷静になります。
問題が大きいほど落ち着いた判断ができ、
そこの部分は身近な人から頼りにされていたので得意分野になったように思います。

クライアントや周りの人が焦っている時、
こちらの声は聞こえていないことがよくあります。そんな時は大きな声で話しかけます。
中々落ち着かないと、海で溺れている人を助けようとして、暴れすぎて、
こちらまで溺れてしまう。
八つ当たりや逆ギレをされたり、「でも、だって」の連発になる場合もあります。

そんな時は、まず、

相手の焦りの原因になっている問題をどう解決するかの提案を出します。
やるか、やらないかは本人の意思にお任せしますが、焦っているので、
ほぼ、やらざるを得ない状態になっています。

問題解決の提案をし、上手くいった時のイメージを描いてもらい、
そのあたりの話をしていくので、
クライアントや相談してきた人は安心して肩を撫で下ろしています。

相手にも、解決するにはどうしたら上手くいくかを考えてもらいます。
自分の口から話すことで、問題の大半は解決していきます。
こちらが冷静で和やかにしていれば、相談してきた人は冷静さを取り戻します。
とくに感情で決めたことは、時間がたつとコロコロ変わるのであてになりません。

リラックスした無に近い状態でイメージしたことは実現しやすいのです。

不安なときこそ客観視

仕事で問題が起こり心配してパニックになったり、愚痴を吐いたりする人がいます。
不安でどうにもならなくなり、突拍子もない言動や行動にでる人もいます。
そんな時は、聞こえるようにハッキリと伝えます。
問いかけたり、落ち着かせたりして、
まずはしっかり聞く耳をもってもらうところからはじめます。
相手の話をただ和かに聞いていると相手は落ち着きを取り戻し、
「大丈夫ですよ……」と声をかけると、安心した表情に変わります。
電話で話している時は相手の反応、声のトーンから感じとれます。

クライアントをヒーリングすることで、深いところから掘り下げ、ブロックになっている思考パターンを解放し、書き換えてゆきます。その後、不思議と問題が解決に向かってゆくので、驚いている様子です。

人は心配なことがなくなり安心すると思考が良くなり、「なんだか大丈夫な気になってくる」。その通りに現実も流れだす。何度経験しても、誰にでも同じ法則が働いているのが分かります。

心配ごとの種を見つけてしっかりと摘み取りにいきます。自分のことに関しては、深く見ることは無意識をあつかうため、潜在意識が「こわいよ〜!」と、見せないようにストップをかけるので、プロに任せるしかありません。

どんな人でも自分を他人事のように見ることは難しく、だからこそ人とかかわることが大切だと思います。

人との繋がりは自分の知らない自分に気づかせてくれます。
人は、ひとりでは自分の顔が汚れていることにすら気づかないということです。

自信喪失は努力の証

仕事などで自信喪失することは、どんな人でも経験していると思います。

よほど真剣に仕事に取り組んだことがないか、人生を本気で考えたことがない人でなければ、いつでも自信のある状態の人はいないでしょう。

今まで自分と向き合うことを避け、人とも深く関わらないようにしていたら、落ち込んだり、何もできない自分を見ないで済むのかもしれませんね。

ということは、自信をなくしている人は本気で頑張ってきた、あるいは努力してきたり真剣にやってきた証《あかし》です。

長い人生の中、自信喪失になることは何度もあるでしょう。

そんな経験をしているあなたは物事の見方を変えた時、
【展開の発想】によっては、人の痛みが分かるようになり、その経験、
立ち直ったストーリーを誰かに与えることができるのです。

それだけ本気で生きて自分と向き合い、自分を信じ、可能性を超え、
進化している人は中々奇特な人なので、
幾らでも今まで以上の自信と成功を摑めます。

もう1つ言えるのは《自分をいっぱい承認し、褒めて讃えてあげてくださいね》。
もう、自分を責めなくていい。

私も自信がなくなっている時、
自分を責めたこともありますが、何も解決しませんでした。
家族や周りの人から随分と自信をつけてもらいましたが、

最終的には自分で自分を許し、認め、信じられるか。
それはあなたにしかできないことです。

「足りないものが、たくさんある」と思っているかもしれませんが、
「充分に満たされ、すべてのものが揃っている」と気づき、望むことで、
多くのものを受けとれることを許可してください。

自信がなくなった時、
充分に愛のエネルギーで満たしてあげることが自動的にできるように。

まずは自分を認め大事にしてあげること。
あなたにしかできないことから始めてみましょう。

最初から全てできるなんてあり得ない

人は、誰もが何度も同じことを繰り返します。


思考を深い意識から書き換えない限り、過去の人生を歩いていることになります。

（今までと同じことをグルグル繰り返す）。まして、進化しなければ、成長も止まります。


この思考パターンを1回外しても、ブロックになっていたものなので、
またしつこく顕在意識の積み重ねで、潜在意識に取りに行くことがあるようです。

ヒーリングに慣れている方だと、「この思考パターンのブロックをもう一度解放します」

と言って解放していき、ブロックになっている原石に自分でも気づけるので、

「良かったね」と会話することがあります。

クライアントの思考パターン、
クセになっているネガティブな考えの原石を見つけるために、
深く掘り下げて見つけだし、解放してゆきます。

その人に必要な絶妙なタイミングで、新しい生まれたてのポジティブな思考に書き換えたり、ダウンロードすることができるので、表面的な会話（顕在意識）で無理に解決しようとするより、よっぽど効率がよく、現実もリアルに動き出します。

その後、問題を解決したクライアントは嬉しそうで、
最初は恐る恐る、半信半疑……という感じでしたが、現実に色々と変わりはじめ、
アクションが起こると、なんだか不思議そうな顔をしています。

次は何が起こるのかワクワクしています。
人生、そうそう刺激的なことやシンクロニシティ（偶然の一致）が起こることも
少ないので、それだけでも価値を感じているようです。

時に、人は避けては通れない失敗をする場合がありますが、
これは、自分をより大きくする学びでもあります。
失敗するのは当たり前。最初から失敗もなく、
上手くいき成功するなど、あまり聞きません。

普段、潜在意識を2％も使っていない脳を動かしていくことで、
今までにできないと思い込んでいたことが何でもできる人生を手にするのです。
失敗をも、結局は好転するように導かれていることに、
追々、気づくことになるでしょう。

ヒーリングを続けることで、
フロー（《お金、物、求めていた人、情報》が集まってくる）に入る状態が、
次々と起こっていきます。
環境までも変わっていくこともあるでしょう。

目先の快楽か、生涯の快楽か

「私はこうしているのに……」

「この人は～なんです」

「でも……だって……」

「そうじゃなくて……」

「何で、分かってくれないの？」

「あの人は、～だから。分かってないのよ」

いつもベクトルを外に向け、自分には非はありません。
相手のせいにするという人が大半です。以前の私もそうでした。
現実に起きていることは自分が思考し、創りだしている、
もしくはカルマの清算をしている場合があります。

（カルマとは……先祖から引き継いだものや前世、今世行いの清算など）

相手のせいにしているパターンをいつも繰り返している人。
この手のタイプの人は自分のせいにされることを嫌がり、
「私はきちんとやっています」と言いたいのです。

その場合、まずはその起きた事実は自分が引き寄せて起こったことだと伝えます。
相手が悪い、良い、正しさを決めたりジャッジするなどは、
まず置いて考えてもらいます。誰がどうということではなく、
その問題はなぜ自分に起きているか？　ということを考えてもらいます。

「誰かのせいにしている時、一時的に楽になりますが、根本的に解決しますか？」
と、尋ねます。
クライアントは横に首を振ります。

それがすべて、自分にベクトルを向け考えていくとしたら……。

今までと見える世界は変わってきます。

自分が悪い・悪くないの話ではなく、その出来事から何を……どう捉えるか？
と考える人に変身すると、責任転嫁する必要がなくなることに気づき始めます。
捉え方や見方の角度を少しズラしただけで、まったく違うものが見え、
クリエイティブな発想まで出現。

毎日、テレビを見て笑うことも楽しいですが、自分の人生で笑い、充実する、
ワクワクする……など、もっと数倍楽しく、脳にも刺激を与えますよ。
ドーパミンが出て若返り、身体にも最高です。

ビジョンが実現しないのはなぜ？

ほとんどの人たちが、思う人生を望んだように生きていない、
「ホントはもっと、〜したかったのに」
「私の人生、こんなはずじゃなかった」というのが本音だったりします。

ここで言える最大の理由の1つは、《優先順位》を間違えているからです。

そして、もう1つは《選択ミス》。自分のことをよく理解している人など、中々少なく、
よほど素直で（人から見えている私）を受け入れられる人、
もしくは、悟りの境地に達しているなどでない限り、大体、何を選んで、
それが合っているか間違えているのかも、よく分かっていないのが現実です。

どうして、自分がよく分からないのか？
自分を深く知ることは時にショックを受けることもあり、とても勇気がいることです。
そして、意固地になってしまい、怖いから逃げるようになったり、
人の話に耳を傾けられなくなってしまい、
「自分のやり方でやる」となってしまうのです。

まずは、世の中に名をあげている、純粋で思考意識や志が高い人、
一流といわれる成功者、自分が直感で選んだ人を最後まで信頼してみる。

評論家のように、意見を言い返したり、正しさを通そうとムキになることを手放し、
相手をまるごと受け入れ素直になり、そこまで到達して、初めて自分のものになり、
今までの自分の人生経験が活かされて本物になってくるのです。

自分のやり方も、あるレベルまではいいのですが、
崇高な生き方に目覚めさらに上のランク、ステージを目指していくならば、

一度、自分の思考パターンを手放し、
自分の中のハートの深求者に委ねてみることが必要になります。
するとその先に、今まで見たことのない扉が用意されています。

静かな時間をとり、自分の中へ中へ意識を集中してみましょう。

優先順位は命とりになります。
その選択を間違えれば、ブループリント（《人生の設計図》。生まれてくる前に決めてきた地図のようなもの）の目的の方向が真逆に歩いたり、時には走っているようなもので、自分の目指すドリームランドに永遠にたどり着けなくなってしまいます。

中には遠回りして、やっと到着した人もいますが、その時にはボロボロで、
たどり着くまでの道のりや、森の動物や精霊たちとの遭遇も楽しめず、
ゴールだけを目指してきたので、「オレはやったんだ」「このやり方で、間違ってない」。
苦労してきた人のシンボルを握りしめた典型的なパターンです。

これでは、町の人からも歓迎されず、素敵な王にはなれないですね。
幾ら王国を創れたとしても、
人との共感や喜び、より豊かな、希望に満ちた国に発展できるとは思えません。

あなたが大切にしている基礎の価値観から、ピュアなハートを思い出し、
優先順位を決めていったら……あなたにしかできない、
自分の王国を築くことができるでしょう。
それは、人として本来、求めていた、大事なところから発信した時、
何かが動き始め、感覚を掴んでいくのです。

あなたがコレだけは譲れないものとは……指針はなんですか？

あなたを奮い立たせるものはなんでしょう？

あなたの王国は、あなたが主役。どんな人と、どんな国を創りたいですか？

後悔することは、甘えること

後悔するということは、いつまでも自分を責め続け、ただの甘えになります。

私も過去に後悔することが大分あったかもしれませんが、
今は「自分を責めることはしない」と決めているので、
後悔のない生き方を選べるようになりました。

後悔している相手とは、どのように接することが大切なのか？
考えてみると……ただ、黙ってクライアントの話をうなずきながら優しく聞き、
受け入れることが大切です。

たとえば、

「そんなことグチグチ言ってないで」

「いつまでも後悔しているのは甘ったれているからです」


そんなことを言ってしまえば、相手の立場になって考えたら、大きなショックです。

そんな言葉をかけるより、

「そうですよね。辛いですよね。もう、こんな辛い思いはしたくないものですよね」

「これからどうしていきたいですか？」

「〜したいと言ってたように一緒にしていきましょう」


そんな風にお話しすると、前向きな言動が返ってきます。

後悔することはいけないことではありません。

後悔をしない人生に変換していくだけの話です。
考えたら、後悔しないで生きている人などいないでしょう。

私の10代、20代、30代途中までの生き方は後悔だらけでした。（笑）
だからこそ、今に繋がっています。

自分との約束を守る、やると決めたらやりきることは、
まさに後悔の体験から来ているのです。
だからこそ……どう生きるか？

ということを、問われているような気がします。

人との約束を守るのも大事ですが、まずは自分との約束、
インスピレーションで決めたことを守り、確実に進んでいくことで、
執着心からも解放され、未来への期待で胸を躍らせることになるでしょう。

時と場合で急ぐ

問題を後回しにしていると、その問題が雪崩《なだれ》のように押し寄せ、嫌でも向き合わなければならない状況になり、解決するしかないところまで追い込まれて初めて、重い腰を上げる人が多いように思います。

私はそんなクライアントに、

「どっちみち解決するなら、慌てて雪だるまのようにどんどん大きくなって手に負えなくなってからやると、しんどくないですか……?」

「余裕があるうちにやると気持ちいいですよ。他のこともできる時間も創れますよ」

「困ってからやる、の繰り返しだと、結局、２歩進んで、また、１歩下がるので、少し進んでは、また、困りの繰り返し……。

どうせなら、困らないところまで、やりませんか」と、話しています。

すると……先にやる方が遙かに自分が楽になることに気づきます。

そこから積極的に問題に向き合い解決していくようになり、止まっても以前に戻るだけ。

何も変わらない、もしくは状況が落下するか。

そこにはもう、戻りたくない、と芽生え始める。

私自身もそうでしたが、先送りにすると、溜まりに溜まってうんざりし、

手をつけるのでさえ無理になることを知りました。

そんな自分とサヨナラしたので、問題は先にやる。

先にやることを当たり前にしていくと身体に覚えさせます。

すると捗《はかど》ります。

問題を見つけ解決することが段々楽しくなってきたら、しめたものです。
私はとにかくダラダラなる自分のクセを知っているので、
直ぐにやることに高い意識を持っています。

続けていくと自分が後々、沢山のことができる人になり、
目標を達成した気持ちよさを知っているからです。
潜在意識に委ね、目の前のことに全力で取り組んでいると、
自分の人生での絶妙なタイミングで色々なことに運ばれていきます。
ただ何でも急いで早くやるだけでもなく、
落ち着いて流れを待つことも、時には重要なターニングポイントになります。

本気の覚悟が信頼につながる

魂の自己実現、自己超越、使命に向かう、
思い通りの人生を歩むまでには、大変な道のりです。
簡単じゃないから、計りしれない感動や喜び、感謝を感じることができるのです。

思いのままにハートに従って引き寄せの達人になり、
描いたビジョンを実現する人たちは極わずか、1～2%といわれていますが、
それを聞いて諦めてしまう人や、そのことに気づいていない人も多いです。

諦めてなにもしなければ、実現はほぼない。
ムリでもチャレンジし続けることで、確実に道は開けます。

それでも道のりが長いと感じはじめれば、
クライアントは表面の会話では諦めている言動をとります。

私がお伝えするのは、

「こんなに学んで一生懸命やってきたのに、もったいないと思いませんか……？」

「活かさないとお金を捨てているようなものですよね。
ということは、お金を大事にしていたら、そうなりませんよね……」

「どうせ無理なら、やって無理の方がかっこよくないですか？」

「解決不能なことはありませんよ。必ず光は射します」

すると、

「そうなんだ……ダメもとでやってみよう！」

と切り換わります。

少し希望が見えた表情をするのを見逃しません。
その瞬間こそが、クライアントと二人三脚をするスタートラインに立った瞬間です。

本気の覚悟とサポートのはじまりです。
ハートとの共鳴からの繋がりは、夢の実現が遙かに加速していくことも知りました。

それこそが自分の人生のビジョンをいつまでも叶え続ける原動力になり、
さらにパワーアップしながらどこまでも飛躍し、進化していくことができます。

エゴのない人との深い豊かな無条件の愛からの関わりこそが、
お互いのダイヤモンド（本質）を磨き合い、
最高に美しく輝かすことができるのでしょう。

ただ、楽しいの先に

自分のやってきたことは、これで良かったのか？

正解なのか、不正解なのか？　……合っているのか、分からない。
それでもハートが反応する方へ、ただ、向かう。
そんな時、突然、答えがやってくる。

自分を信じて訪ねてくる人がいると、
今までひとりでは重くて開かなかった扉が開き、また次の扉も開いていく。

一緒に話してワクワクできる。
創造がふくらむ。

ただ、楽しい。
そんな人達と関わり、目の前のことに無我夢中に時間を忘れてとりくむ。
ビジョンを叶えていく未来が見えてくる。

どんな人と出逢い、繋がっていくかで人生は大きく変わる。
それは言葉ではなく、理由もなく、訳もない。
その人といて、奮起する、メラメラやる気が湧き上がってくる。ときめくかどうか。

誰しも、頭にきたり、時には嫌になることもありますが、
感情がどうとか、そういうことではなく……それをも越えて、お互いの魂の自己実現、
アイデンティティを超えた喜び、協力し合える相手かどうか。
それだけのこと。

または、感情が穏やかで安心感が得られ、
何だか前から知っていたように、自分らしくいられる。

それは、誰に聞くよりも、自分が答えを知っている。

もう誰の顔色もうかがわなくていい、
そのままのあなたを愛してくれる人が必ずいるはず。
そんな人に出逢ったら、数少ないチャンスです。
しっかり摑んで、人生を動かし望む人生を手にしてゆきましょう。

あなたが地球に生まれてきたミッションを見つけだす前触れ。
世の中で、自分の使命を果たしている人は極わずかと言われています。

もし、あなたが自分の使命を果たしていたら、大天使、アセンデッドマスター、
守護天使、天使、ご先祖様が守り導き応援してくれます。
常に運が味方につき、思い通りに人生を歩み、
「今、なぜこの問題が起こっているのか？」はっきりと理解でき、言葉にできます。

そして、その言葉通りに人生も動いているため、人から信頼もされます。

スピードの問題もありますが、遅い、速いだけではなく、
その人に必要な状況、環境、ディバインタイミングがやってきます。

とくに今の時代の流れは速いからこそ、
大事なものを置き忘れないことも心に留めていきましょう。
これからは、誰かの人生を歩むこともなく、誰かのペースで慌てることもないのです。

行く先は眩しいほどに黄金の道に照らされてゆく。
仕事なども、やればやるほど、楽しく、豊かになり、生活も自然に繁栄していく。

たった一度の人生をいっぱい感じていきましょう！
楽しいのずっと先に、あなたのミッションのヒントがあるはずです。

頑張って頑張って、急いで、無理して、がむしゃらに走って、自己愛を貫く、
それはもう終わりです。これからは力をぬいて、

イーグルのように、追い風に乗り軽やかに、どこまでも高く飛ぶことができるのです。
楽しみ、喜びを感じながら愛、豊かさが溢れだし、
初めて自分だけではなく、誰かの幸運も願い、祈り、
未知の領域への一歩を踏み出した先に……。

まだ、見ぬ世界、あなたの中、聖地にたどり着くのです。

奇跡は本当に起きる！

人は大人になると、現実に囚われ、段々と夢を実現させようと考えることをやめ、奇跡を信じなくなります。何となく、

「こっちの道を選んだ方が良いんじゃないか……」

そう感じていながら、「いや、ムリでしょう！」。

そう心の中で葛藤し、いつもと同じ道を選んでいる。

別の道を選択した時にどんなものがあるかは分からない。

いつもと同じ景色しか見ていないからです。

その先にどんなものがあるか。
いつもと違う道を選択した時、今まで見えなかったものが見えてくる。

私が勇気をだして飛び込んだ先に、誰もが口を揃えて、
「そんなことばかり言って」「スピリチュアルな話ばかりで話が合わない」「はい、はい」
と、相手にされず流されていました。

周りの人が信じていない。そんな時、姿を現したのです。
それは私がヒーリングの世界に入り、
5層と繋がり天使や妖精とコンタクトを頻繁にとり、練習をしていた時のことです。

今からちょうど3年前、
その日は、久しぶりに夫と愛犬と公園に出かけました。
暖かくなり、桜が咲いている頃。
ゴロゴロしたり、縄跳びをしたり、愛犬と走ったり、写真を撮ったり。

すると……その写真の画像にハッキリと天使の羽、もう1枚にはベールのようなものが写っていたのです。

透明に近い白い羽。
透き通り、この世の色ではない、神聖な領域。

天使や見えない世界の存在を肌で感じてはいても、実在するのかは半信半疑。
そんな時に姿を現してくれました。

奇跡は日頃から顔をだしているのですが、
気づく人にはどんどんやってくるようになります。

そこに、また喜びを感じ、感謝すると、さらに不思議なことが起こりはじめ、
その積み重ねや見えないものを受け入れる勇気が大きな奇跡を起こしていくのです。

2018年、秋ごろでしょうか。
ある日、自分をヒーリングして、うとうとと眠りに就いてしまい、
なんとなく意識が戻りはじめ、目を開けようとすると、
蒼く澄んだ（淡いブルー）の映像が見え、
そこにヒラヒラと白い羽根のようなものが降り注いでいました。

最初は水のようにも見えて、ヒーリングをした後なので、
天使が浄化してくれているんだと勘違いしていました。

そこから、あまりにも美しい光景だったので、何分も眺めていました。
段々とこの世界に戻りゆっくり目を開けると、まだ余韻が残っているほどでした。

その後、不思議なことにエンジェルナンバーを来る日も来る日も、
一日に何十回も目にするようになり、そこで意味を検索していると……あの日私が見た、
ブルーに白い羽根の画像に導かれたのです。

そこには【天使界】と書いてあり、まさしく、私が見たものと同じものでした。
（その画像のブルーは空色に近かったので、
私が見たブルーの方が、
正確にはもっと濃いブルーで透き通るような美しいものでした。）

この時、私は天界に行ったことを自覚しました。
その後に大天使、ミカエル、ガブリエル、ラファエル、メタトロン、ウリエルの五大天使が家に5日間、滞在するという、ホスティングエンジェルという迎え入れの儀式を行い、大きくシフトし、人間関係も変わりました。
「サイレント期間」《選ばれし者の通過儀礼、次から次へと起こる悲劇、この時期を抜け、ようやく、豊かさと愛が溢れるステージに行くと言われています》を越え……、
今の私がいます。

もちろん、お約束のように、そのあとの変化は大変でしたが、
大天使や見えない世界の存在が道しるべとなり、
サポートしてくれたので心強かったですよ。

今では、私が向かう先に大天使たちがレッドカーペットを敷いてくれます。
色々なことが落ち着き、ゆっくりと手につけることができ、物事が捗《はかど》り、
見えてくるもの、リンク、加速など、さらにパワーアップしています。

覚醒した自分に出逢い、新たな楽しみと喜びでいっぱいです！
「スピリチュアル」と聞くと
「特別な世界」と感じている人がたくさんいるようですが、
決して特別ではなく、私たちが当たり前に地球にいるように、
他の階級があって、何の不思議でもないのです。

私たちが忘れてしまった、
味覚、臭覚、聴覚、視覚、触覚という五感を取り戻すことで、
本来の人間の優れた機能「感性」を使い、
バーチャルではなく誰もが感覚的に体感できるものなのです。

それは他人ごとではなく、あなたの人生にも起こりえるのです。
研ぎ澄まされた感覚を知った時、それは喜びと確信に変わります。
夢物語ではなく、あなたの人生の視野は今より遥かに広がり、
自分の人生を動かしていくことができるのです。
空の旅が始まります。
忘れかけた夢をもう一度、思い出してみましょう。

あとがき　運命の人

あなたは運命の人を信じますか？　運命の人がいると信じた瞬間から物ごとが動きだす。
運命の人と出逢うとシンクロニシティ（偶然の一致）がいっぱい起こります。
時間の長さとは関係なく、距離を感じない人。
前からの知り合いだったかのような安心感があります。
前世からのパートナー……あるいは、自分が意図的に描いて、
引き寄せた運命の相手（ソウルメイト）と結婚したからといって、
必ず幸せになれるわけではなく、離婚しないわけでもありません。

運命の相手、魂の中でもランクがあります。

自分の魂が成長すると、

ツインソウル、ツインフレーム、ツインレイという順に従って出逢っていきます。
勘違いしてはいけないのが、結婚し続けていくことが最終ゴールではなく、
その人を愛しているということでもないということです。
学びを通してお互いを高めあって無条件の愛を知っていくことで、
究極、最強のソウルに出逢うのがツインレイです。ツインレイに出逢ってしまったら、
神たち、天界、宇宙規模でのサポートが入るため、惹かれ合うことは避けられません。
そんな自分のソウルの片割れに巡り逢えたあなたは、それこそが奇跡を起こしたのです。
難関、課題をくぐり抜け、向き合い、解決してきた……。
〝BIG、HAPPY　CHANGES〟を起こした、
「ふたりへのご褒美」がもたらされたので、
しっかり受けとって最高の愛、豊かさ、希望、勇気が詰まったハーモニーを、
地球上の人々へ奏でていくのが……あなたのお役目です。
これからは【ハートスピリット】の時代に移行します。
相手を尊重し、歩み寄り、寄り添い、支え、

他愛もない会話や愚痴なども自然に話せ、
辛い時に話を聞いたり励ましたり、受け入れたり、許したりしながら、
お互いの魂が成長していけることが最も大切です。

辛い時、大変な時こそ、その人の本質、人格が見えてきます。
いい時期に優しく振る舞うことなら、誰にでもできます。
中国に、《疾風勁草《しっぷうけいそう》》ということわざがあります。
普段は緑色の草がみんな元気に育っている。

雨が降ったり、嵐が来たり、雷にうたれた時にこそ、強い草が残る。
苦境や厳しい試練にある時に、
初めて意志が堅固で、
浅はかでいい加減でない人であることが分かる……という意味ですね。
文句を言ったり、否定するのは簡単です。誰にでもできます。
そんな時こそ、どれだけ見返りや恩をきせずに、

大切な人を支え、守れるか、ということです。

その無償の思いは、いつか、その相手からではなくても返ってきます。
大切な人たちと同じ歩幅で成長しても、
ある時、大幅にズレてしまうこともあるでしょう。

お互いに磨き合えない関係、求めるものが変わってしまう。
方向性や望みが違うと気づき、相手の思い、道が変わってしまったら、
手放すことも大切です。

運命の人はシンクロニシティを重ね出会った人です。
だからこそ、運命を理由に縛りつけるのではなく、
互いが笑顔で自分らしく生きることも、
相手との学びを深めた意味のひとつでもあるのです。
運命の人は自分に深い気づきを与えてくれる人。

役目を果たして去る人もいれば、一生の付き合いになる人もいる。
どちらにしても自分を進化させてくれる、なくてはならない人達なのです。

運命の人だからといって、相手を大切にしなければ、普通に終わりは来ます。
大切にしているかは、ひとりになり自分のハートに手をあてて聞いてみれば分かります。
探求しハートを開いた時、何の条件もなく、
今のあなたをまるごと受け入れ愛してくれる人か、分かるはずです。

あなたは充分に頑張りました。
いつでも頑張っています。

「こうしなきゃならない！」

ではなく、運命だから抵抗せずに、
起こっていることにしっかりと目を向け、事実を受け入れ素直になりましょう。

時々、脳裏に浮かぶビジョン。
目を閉じると、心の奥底で描いている聖域に、いつでもたどり着くことができるのです。
私たちは物質世界に生まれ肉体を授かり、色々なものに触れることができる。
それはここでしか体感することができない人間に生まれ与えられた特別なギフト。

地球で、誰と、どんな風に、どれだけ楽しみ冒険するか、
という意味が込められているかもしれません。

あなたは自由自在に愛する人に愛を表現していいのです。
ドラマティックに激しく、時にゆっくりと愛を育む、
素敵な人生を望んでくださいね。
自分を幸せにすることを与えていく。
あなたが選んだ運命にしたがって……。

あなたは何にも代えられないほどの、
素晴らしい唯一無二の存在だということを覚えていてください。

どんな時も……愛の炎は消えることはありません。
愛の炎はデバインサポートをうけ、永遠に灯されているのです。
あなたがこの世に偶然を重ね合わせ、誕生した奇跡に感謝の祈りを込めて。
この本を手に取り、読んでいるあなたと出逢えた奇跡に喜びと敬意を称します。

ありがとう♡

小林高子

著者
小林高子（こばやし たかこ）
ヒーラー、ブランディングコンサルタント。
18才のときに彼をリンパ腫で亡くしたことにより
「どうして こんな体験をするのか？　何のために生まれてきたのか？」
みずからの人生に問いかけはじめる。
その体験をつづった『あの頃』（アストラ出版社）は、
実売１万４千部超えの大ヒット。
３年半ほど神社で修行し、心理学・ヒーリング・瞑想など、
あらゆる分野をも極めつくす。
エネルギーを上げると
「愛と豊かさにあふれ、夢や希望を具現化できる」ことを実感。
現在は「思考パターン／ブロックの解放〜書き換えヒーリング」や
「波動をあげて、希望通りの人生を手にするコンサルコースセッション」
などを行なっている。
現実を変えてしまう⁉ 真のヒーラーとして、
セレブや実業家をはじめ、
あらゆる分野のリーダーたちから支持されている。

カバーデザイン／三瓶可南子
カバー写真／©イメージナビ/amanaimages
本文イラスト／ yae works
制　作／キャップス
校正協力／永森加寿子
編集協力／加藤弥絵
編　集／阿部由紀子

生まれてきたことに、意味がある。

神様に、たまに呼びだされる生き方

初版1刷発行 ● 2021年1月16日

著者

小林《こばやし》 高子《たかこ》

発行者

小田 実紀

発行所

株式会社Clover出版
〒162-0843 東京都新宿区市谷田町3-6 THE GATE ICHIGAYA 10階
Tel.03(6279)1912　Fax.03(6279)1913　http://cloverpub.jp

印刷所

日経印刷株式会社

ISBN978-4-86734-006-6　C0011